朝鮮人強制連行

村 大
Masaru Tonomura

岩波新書
1358

はじめに

日本の朝鮮植民地支配はさまざまな苦痛を朝鮮民族に与えた。そのなかでも第二次世界大戦下の労務動員政策は食糧供出と並んで、とりわけ民衆を苦しめたものとして知られている。植民地時代に少年期以上の年齢に達していた「日帝世代」は自身が見聞し、それより下の世代は当事者の体験を聞くなどして記憶は受け継がれて来た。その際、民衆が戦時下の労務動員を指し示す言葉は、「労務供出」や「強制徴用」の語が用いられた。

今日、日本はしばしば自国の植民地支配や軍事侵略にかかわる加害の歴史についての認識が不足しているとの批判を近隣諸国の人びとから受けているが、それでも戦時下に朝鮮や中国から連れてこられた人びとを日本内地(現在の四七都道府県)の炭鉱や土建工事現場で酷使したといった話については、たいがいの日本人が聞いたことがあるだろう。そしてそれが「朝鮮人強制連行」という語で言い表されるのを知っている日本人も多いはずである。

これは、一九六〇年代以降、在日朝鮮人の歴史学者がこの問題についての研究を発表し、それに刺激を受けた人びとが調査を行い、日本社会に広く事実を伝えようとしてきたことなどによる。なお、今日、これもしばしば近隣諸国からの批判を受けることがある日本の中学校の歴史教科書を見ても、どの会社のものにも戦時下に多数の朝鮮人を日本内地に連れて来て過酷な労働に従事させたことについての記述はある。

しかし、朝鮮の労務動員についての歴史研究の蓄積が分厚く存在するというわけではない。言い換えれば、よくわかっていないことが相当に多いのである。しかも現在まで多数刊行されている、この問題について論じたり、調査をまとめたりした著書、あるいはインターネット上の文章においては、事実についての誤解や間違いがしばしば含まれている。残念ながら、日本の加害の歴史に誠実に向き合おうとする人びとが書いたものであっても、そうである。

もちろん、歴史を語った文章に(史料の解釈の論者による相違といったレベルではない)ある程度の誤解や間違いが含まれるのはそう珍しいことではない。しかも労務動員の制度やその手続きを規定した法令は相当に複雑であり、正確な理解はなかなかに難しい。

だが、これまでの論著では基本的な文書、具体的には同時代に出された動員計画についての行政の決定や通牒、基本法令や関係者の記録などを読み込んでいればわかる事実を把握していないままに書かれてきたものが少なからず見受けられる。そこで筆者は、歴史研究者としてはごく当たり前のことであるが、そうした史料に直接あたって、朝鮮の労務動員の史実を再検討する作業を開始した。

その作業では、必然的に日本人に対する労務動員――意外に思われるかもしれないがこれについての研究もそう多くはない――のあり方についても知ることとなった。朝鮮人の労務動員も日本帝国の政策として行われていたわけであり、基本的な計画や法令の根本は共通していたからである。その上で、朝鮮人の動員に主にかかわる史料を読むことで、両者がどのように異なるのか、異ならざるを得なかった日本と朝鮮の条件の相違がどこにあったのかを理解できるようになった。

同時にそのことによって、単なる事実の確認を超えて、この時期の日本社会のあり方や朝鮮植民地支配の問題点を浮き彫りにしうるとの予測を筆者はもつようになった。そこでさらに史料収集とその読み込み、分析を続け、まとめたのが本書である。

本書は七つの章で構成されている。序章は朝鮮人強制連行をめぐる議論などを紹介した上で、右に述べた問題意識について詳しく述べる。第一〜五章は、朝鮮人に対する労務動員の政策、実際の遂行、そこで生じたさまざまな問題、それに対する対応や同時代の議論等を時系列でまとめている。第一章は朝鮮人を大量に労働者として導入するに至る背景や論議をふまえた上で、一九三九年のその実行がどのように行われたかについて記述する。第二章では、一九四一年一二月の日本帝国の米英との戦争開始以前の時期を扱う。そこでは早くも朝鮮側でも労務需給逼迫の状況が見られたこと、日本内地側ではすでに開始されていた朝鮮人の動員に対して否定的であったり、疑問が提示されていたりしたことなどを明らかにする。第三章は英米との戦争を開始した日本帝国がさらに朝鮮人労働力の動員を拡大していった実態と、そこで生じた矛盾の拡大について一九四二年度と一九四三年度の時期について扱う。第四章は、労働力の枯渇にもかかわらず朝鮮人に対する労務動員の規模がそれまで以上に膨れ上がっていたことと、円滑な動員を可能とするために考えられた対策が実質的には機能しなかった状況を記す。第五章は戦争終結直前の一九四五年度に入ってからの政策自体が破綻していく過程を描きだすとともに、日本帝国の敗戦以降の状況についても触れる。その上で終章では、史料から明らかになったことをふまえて、なぜ労務動員が朝鮮人(日本帝国臣民として日本人と平等な存在とされていたはずであった)に対する人権侵害を伴ったのか、戦争遂行のための生産力増強のためにもプラスにはならなかった政策がなぜ行われたのか、朝鮮人強制連行からみえるこの時期の日本社会や植民地朝鮮の実態の特徴が何であるのかを論じた。

目　次

朝鮮行政地図（1940 年）

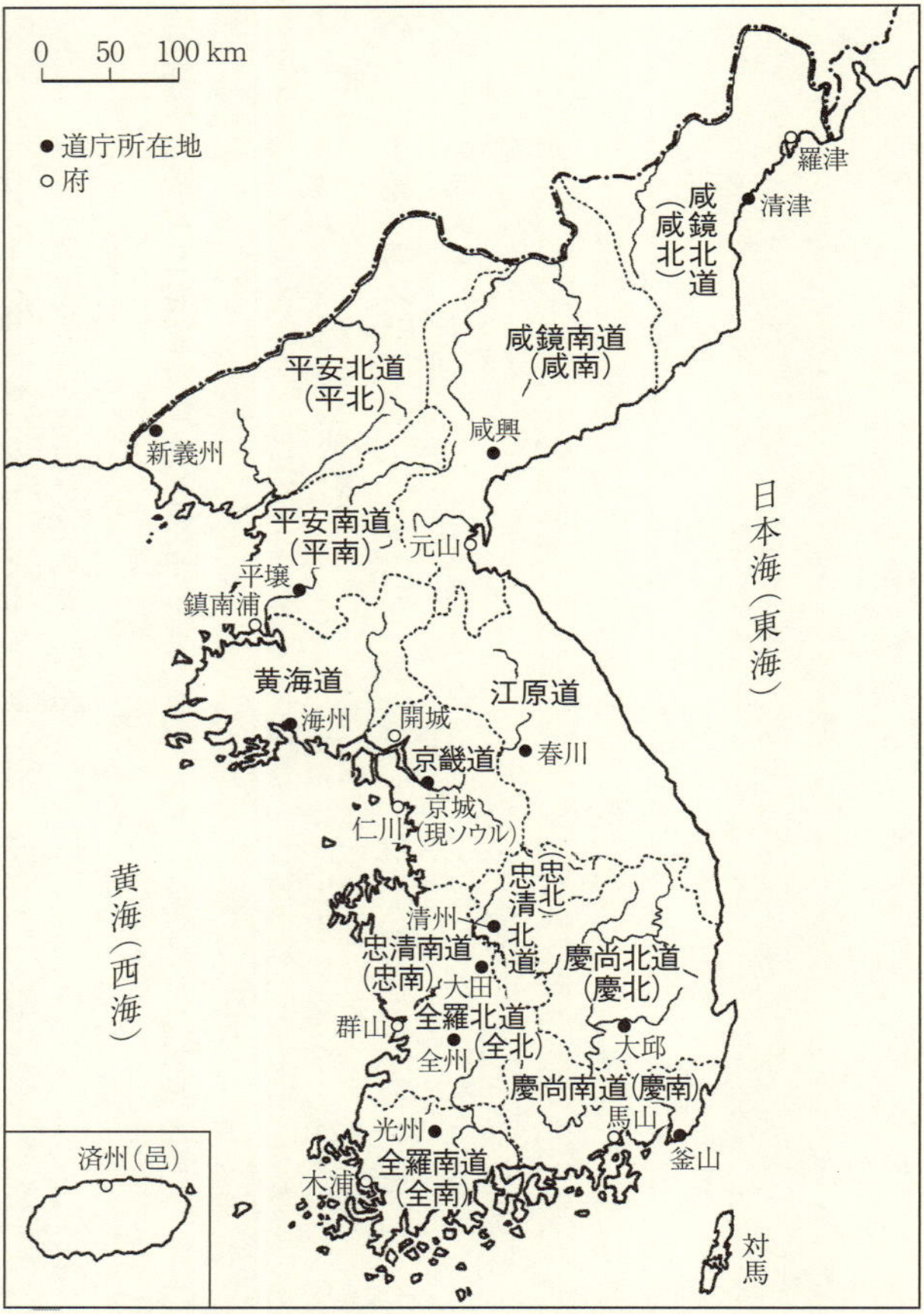

日本支配下の朝鮮の行政区域は，道—郡—面—洞（または里）に分けられ，都市は府（京城府，釜山府など），町は邑，村は面と呼ばれていた（水野直樹『創氏改名』）.

凡例

○引用文については、読みやすさを考慮して以下のようにした。

一　カタカナをひらがなに変え、句読点を補い、数字の表記を改めた。

一　省略部分は……で表した。また、〔　〕内は著者の補足である。

一　現在、一般には用いられない用語や差別語も、歴史的な文書であることから、そのままとした。

○朝鮮語の文献の日本語訳は著者の訳による。

序章
朝鮮人強制連行を問う意味

2011 年 11 月，戦時下に労務動員された父が死亡したとされる北海道の炭鉱病院跡地で故人の冥福を祈る韓国人遺族．日本の市民団体が招聘した彼らは父の苦労を実感できたと語った(写真提供：小林久公)．

用語をめぐる議論

「はじめに」でも述べたように朝鮮人強制連行の語は今日の日本ではよく知られているし、しばしば使われる語である。歴史辞典でもたいがいのものは「強制連行」や「朝鮮人強制連行」の項目が立てられている。そこでの説明からは、次のようなことがわかるはずである。それが行われた背景には日中戦争以降の日本人男子の出征による労働力不足があったこと、労働者の動員は日本政府が一九三九年以降敗戦まで毎年策定した計画に基づき行われたこと、暴力的な要員確保が行われたことなどである。辞典によっては朝鮮人を日本軍の兵士や軍属、「従軍慰安婦」としたことも強制連行として説明しているケースもある。

このような記述はこれまでの歴史研究の成果を反映したものである。ただし朝鮮人強制連行という用語を使うことについては近年若干の議論がある。

この語の使用に否定的な立場の人びとの理由の一つは次のようである。すなわちこの語の概念規定が厳密ではなく、使用する人によって兵士・軍属や軍慰安婦まで含めたり、労働者のみに限定したりとさまざまとなっていることである。

しかし歴史用語のすべてが厳密な概念規定をもつわけではない。むしろ大体の人にある程度の了解事項をもちつつもバリエーションをもって使用されている語は珍しくない。朝鮮人強制連行の語について見れば、政府計画に基づき本人の意志にかかわりなく労働者としての朝鮮人を動員したことを最低限そこに含めることは共通の理解となっている。これは歴史辞典の説明を見てもわかるはずである。したがってある種の幅をもつ概念だということのみをもって朝鮮人強制連行という語を使用してはいけないということにはならないであろう。

概念規定の問題とは別な理由から朝鮮人強制連行の語を妥当ではないとする人もいる。これは戦時下の朝鮮人動員での強制性についての疑問や、朝鮮人の動員を特別視すべきでないという考えからなされているようだ。前者は要するに経済格差や朝鮮での生活の困難さから日本内地事業所への就労希望者は当時相当いたのであり、強制などなかったという認識に基づく。実際に動員計画に基づいて日本内地で働くようになった朝鮮人の証言のなかには自身が希望してやって来た事例があることは確かである。後者は戦時下の日本政府の計画に基づく動員は朝鮮人に限定されているわけではないという意見である。歴史的事実としてこれも否定できない。徴用されたり、勤労奉仕にかりだされて厳しい労働を強いられた日本人は相当に多い。しかも国民徴用令による徴用が早い段階から行われたのは朝鮮人ではなく日本人に対してであり、その適用を受けた者の数も日本人が朝鮮人を上回っている。

しかし今日までの歴史研究は、本人の意志に反し暴力的に朝鮮人を労働者として連れて来る行為が行われていたことを明らかにしてきた。それは本書でも紹介するように、当事者の証言のみならず同時代の行政当局の史料によっても裏づけられる。また動員を遂行するための制度や政策も日本人と同じではなかったし、暴力的な動員は日本人の間では少なくともそう頻繁に起こっていたわけではない。この見方を覆すに足る新たな史料や解釈が示されない限り、やはり朝鮮人強制連行の語の使用を誤りであるとか問題があるとは言えないであろう。

付け加えれば、戦時下に朝鮮人に対して暴力的な動員が行われたことは何も狭い歴史学者の世界のみで認められているわけではない。強制連行の被害者が日本政府や企業に被害の補償を求めた裁判では——原告の請求は退けられてはいるが——そのような事実があったこと自体は認定されている。

遅れている研究

もっとも朝鮮人強制連行という語をめぐる議論のなかには、歴史研究者が十分説明してこなかった重要な問題、明らかにしてこなかった点があることも認めなければならない。

すでに述べたように植民地朝鮮には日本内地への就労を希望する人びとは存在したたし、実際に戦時中も望んで日本内地の労働現場を選択した朝鮮人はいるのである。ではなぜ、一方で無理やり朝鮮人を連れてくるようなことが行われたのであろうか？　あるいは、そのような暴力的な動員は普遍的な現象ではなく、特別の時期、地域に起こった例外的な問題だったのではないかという推測を立てることも可能だろう。その場合には、では暴力的な動員を生じさせた要因が何だったのかといった疑問も付随してくる。

また、より過酷な立場に置かれたとされる朝鮮人のほうが、むしろ日本人より徴用が遅く適用され、その数も少なかったということも理解しにくい話と言える。そもそも同じ日本帝国の領域であった朝鮮で、どうして日本と異なる動員が行われたのかについての説明も不足している。朝鮮人に対する動員のあり方について、日本人へ適用する法令や制度、あるいは実態がどのように違うのかを詳細に論じた研究は見当たらないのである。

こうした疑問や課題に挑戦しようとする歴史研究者は現代日本ではほとんどいない。というより、筆者の知る限り、そもそも朝鮮人強制連行に関心をもって仕事をしている歴史研究者自体がかなり少ないのが現状である。

韓国での真相究明の活動

これに対して動員された人びととその遺族が多数暮らしている韓国では、九〇年代の民主化以降この問題が広く提起され、二一世紀に入って政府もさまざまな取組みを行うようになった。二〇〇四年には法令に基づいて日帝強占下強制動員被害真相究明委員会が発足した。同委員会の設置期限の終了を迎えた二〇一〇年には、その業務は対日抗争期強制動員被害調査及び国外強制動員犠牲者等支援委員会に引き継がれている。

これらの委員会は、韓国政府が行う補償の前提としての、動員された本人や遺族の申告に基づく事実調査や動員されて亡くなられた方の遺骨・遺品、関連する歴史史料や関係者証言の収集、それを編集した資料集や報告書の刊行を進めている。貴重な仕事というべきであるが、まだ朝鮮人強制連行の全体像を明らかにするような報告は提出されておらず、前項で述べたような疑問が解き明かされたわけではない。

一方、朝鮮民主主義人民共和国(北朝鮮)でのこの問題について近年の歴史研究の動向の詳細は不明である。ただし一九六〇年代までにはいくつかの論文が出されているし、そのなかでは韓国や日本での所在が確認されない貴重な史料(おそらく北朝鮮にのみ残っているもの)を利用した研究もある。そもそも戦時中に日本によって動員された人びととその遺族は北朝鮮にも多数いることは間違いなく、動員で生じた被害に伴う補償の問題が未解決のまま残されていることから関心は少なくないことが推測される。また、北朝鮮系の在日朝鮮人の民族団体による、労務動員に関する調査活動は一九七〇年代から行われており、現在も史料発掘や証言記録などの成果をあげている。

日本社会の無関心

韓国でのこの問題についての調査が本格化するなかで、日本でもこれに協力しつつ、朝鮮人強制連行の事実解明や関係者の遺骨の奉還などへの取組みが一部で始まっている。そうした活動に取り組む団体や個人によって、二〇〇五年には強制動員真相究明ネットワークが結成された。また日本政府も韓国政府の求めに応じて史料の提供や遺骨に関する調査を行っている。

しかし韓国での真相究明の活動や、それと連携する日本の市民運動、あるいは日本政府の対応について日本のマスコミが大きく報じることはあまりない。日本社会のなかでこの問題について関心をもつ人が少ないためであろう。そうしたことも関係してか、日本政府のこの問題についての取り組みは積極的とは言い難い。同時にすでに述べたように日本の歴史学界でもこの問題への関心は高くはない。

しかし朝鮮人の動員は日本政府の計画に基づき、日本の行政機構が遂行したものであることを考えれば、日本政府には主体的にそれにかかわる事実調査を進める責務があろう。それを実行することは近隣諸国との間での歴史認識をめぐる無用な葛藤を減少させることにもつながる。さらに言えば、前述のように北朝鮮に居住する被動員者とその遺族への補償問題を何らかの形で解決する必要があり、その前提としての調査も当然必要とされているはずだ。

同時に外国の研究者に比べて史料へのアクセス、言語上のアドバンテージをもっている(動員にかかわる政策当局の史料は日本語で書かれている)日本の歴史研究者はこの問題の研究をより積極的に進める責務を負っているのではないだろうか。付け加えれば、日本社会では、朝鮮人強制連行について史料の曲解をもとにした誤った言説が流布している。そうした状況を招いた要因はさまざまであろうが、この問題に関する歴史研究が遅れていることも大きく関係しているはずである。

本書で論じる対象

以上のような状況を多少とも改善しようと考えて、筆者は朝鮮人強制連行の歴史研究を進めてきた。もっとも軍人や軍属としての動員、慰安婦についてまでカバーすることはできず、専ら政府決定の計画、正確な用語を用いれば労務動員計画(一九三九～一九四一年度)と国民動員計画(一九四二～一九四五年度、ただし一九四五年度は年度を通じた計画は立てられなかった)の枠のなかでの労働者としての動員(これを朝鮮人労務動員と呼ぶこととする)に焦点をしぼって史料を収集し考えてきた。

労務動員計画・国民動員計画に基づく動員は数的にも規模が大きく、朝鮮人強制連行の語を用いる論者が必ずその概念のなかに入れるものである。歴史辞典の強制連行の記述の中心も、これに関するものが当てられている。そして朝鮮人強制連行と言った時に人びとが一般的にイメージする、戦時下に朝鮮から連れてこられた人びとの日本内地の炭鉱や土建工事現場での就労は、大概が労務動員計画・国民動員計画に基づいて行われたものだ。

したがって朝鮮人強制連行という概念を広くとると、論じていない部分があるが、その中核的な部分を本書の対象にしていると考える。

歴史研究としての意義

取り組む研究者が少なく、日本社会での誤解をただす必要があるといった言わば単純な動機から筆者はこの問題の研究を開始した。その際の誤解は朝鮮人の労務動員における強制の有無や暴力性の程度といった点に集中していたので、それについていくつかの文章を発表する機会に恵まれた。それについて論じるのはそう難しいことではなかったし(すでに筆者以外が行っていたそれ以前の研究でも、朝鮮人に対する労務動員が暴力的に行われたこと自体は実証されていたわけであるから)、研究テーマとしてそう大きな魅力を感じたわけではなかった。

だがやや本格的に研究を始めてみると、朝鮮人労務動員については明らかにされていない点が多く残されているし、既存の研究でうまく説明できていないこともあることがわかってきた。先に触れた、自ら望んで日本内地に向かった朝鮮人がいたことをどう考えるべきか、なぜ朝鮮人には徴用とは別の制度で動員が進められ、戦争末期になってようやく徴用が行われたのか、といったことなどである。そうした疑問について考えながら、あれこれと史料の収集と読み込みを進めていくと、わからないままに残されている問題を考えていくためには、単に労働者の確保が行われた現場や直接的な関係者の行為といったことのみに着目するのではなく、より広い視野に立った分析が必要であることが見えてきた。

同時にその作業は、日本という国家の抱えていた問題性や朝鮮に対する植民地支配の特質について把握することにもつながっている、少なくともその一端を捉える契機となるものであると考えるようになった。言い換えれば、朝鮮人労務動員という歴史事象は、単に朝鮮民族のこうむった被害の大きさを伝え、日本人をして加害の歴史に真摯に向き合うよう促す上で重要であるというだけでなく、もっと広く大きな意義を持つ歴史研究の研究課題であること、それゆえに研究テーマとしてもやりがいのあることを実感するようになったのである。

総力戦が見せる国力

以上のように考えるに至った経緯や理由についてやや詳しく触れておこう。まず日本国家の問題点が見えてくるという点については次のようなことである。

そもそも朝鮮人労務動員は総力戦の一環として進められた。総力戦とは文字通り力のすべてを尽くした戦いであり、したがってその国家の力量＝国力が表れることになる。その場合の国力とは軍事力とそれを生み出す物的資源だけではなく、人的資源＝労働力も含まれる。そしてそれは単純な量の問題としてあるのではない。必要な労働力を求められる部署にどのようにして合理的に配置するかやそのための調査、あるいは働いている人びとの力をいかにしてうまく引き出すか、それを支える家族の生活をどう保障するか等々を含めた構想や政策があり、それが機能しなければ、たとえ潜在的に豊富な人的資源があったとしても意味をなさないからである。

総力戦を進めた各国、つまり第二次世界大戦の主要な交戦国はそれぞれのやり方で労務動員を進めた。それは国家の所有していた資源の量のほかに、その社会の形態、文化、思想によって規定されていたとみるべきだろう。

しかも日本帝国の総力戦の中での朝鮮人労務動員は小さな問題ではない。朝鮮人労働者は軍需物資増産の鍵を握る石炭の採掘や軍事基地の建設という重要任務を割り当てられていたことを考えれば、それは明白である。

したがって日本帝国の朝鮮人労務動員の実態、そこで生じていたさまざまな問題を見つめることは、その当時の日本国家の問題点を知ることにもつながるはずである。

植民地朝鮮の特徴

具体的に進められた朝鮮での動員政策はそう円滑には行われなかった。日本人に対しては行れないような、暴力を背景とした本人の意に反した動員すら珍しくなかった事例が確認できるのである。

しばしばそれは日本帝国における民族差別や人権抑圧の過酷さを示すものとして批判されてきた。その批判はあってしかるべきだが、同時に筆者はそれが動員を遂行しようとする側＝日本帝国の政策当局者も望んでいたわけではないことにも注目するべきだと考える。

日本帝国が行った労務動員は、あくまで戦争勝利に向けて合理的に労働力を配置し生産を増やすことを目的としていた。したがって日本帝国にとっての理想は、被動員者が喜んで動員先に赴き意欲的に生産活動に尽くすという状態であり、現実に起こった動員の過程でのさまざまなあつれきや就労意欲のない者の動員先への配置は、むしろ日本帝国が目標とする戦争勝利の阻害要因となるものであった。

そしてそうした事態が生じた背景には、朝鮮社会、朝鮮統治のあり方とそのもとでの朝鮮民衆の動向があったはずである。したがってなぜ重要国策たる朝鮮人労務動員がうまくいかなかったかを考えることは、朝鮮の植民地支配の特徴を浮かび上がらせることにもつながるのである。それは、同じように日本帝国の支配を受けていた台湾の植民地統治との条件や実状の共通点や相違点を知るうえでも必要な作業だろう。

現代的課題との類似

このように朝鮮人労務動員は、日本帝国およびその植民地下の朝鮮社会を対象とする歴史研究の上で大変重要な問題である。これとともに筆者はそれが意外に現代社会の直面する問題、具体的には外国人労働者の導入・活用、処遇といった問題とも類似性をもつものではないかと考えるようになった。

意外に、というのは、これまでの朝鮮人労務動員にかかわる研究では外国人労働者問題との類似性を指摘したり、それを視野に入れて考察したりするものは見当たらなかったためである。これは朝鮮人労務動員が戦争という異常な事態の中で展開された悪辣な犯罪的行為であり、平時における国際的労働力移動とは異なるし、区別して論じるべきだという認識によっていると思われる。またそれが極度の労働力不足という切迫した状態の中で議論もないまま官民一体で強力に遂行されたというイメージで捉えられてきたことも影響しているだろう。

だが現代の外国人労働者も戦時下の朝鮮人労務動員も、労働力不足を背景にホスト社会のマジョリティが忌避する職場で就労させるために導入された点では同じである。若年労働力の減少という事態も、今日は少子化、戦時下は軍事動員という事情の違いはあれ(戦時下においては平時に戻れば労働力不足は解消する見通しであった点も異なるが)、共通している。

そして朝鮮人労働者の導入や彼らの処遇、社会統合をめぐっては、今日の外国人労働者に対して日本社会に存在するようなものと似通った議論が——公開的に言論を展開する機会が限定されていたこともあって量的には相当に少なかったにせよ——存在していたことが確認できる。そうした議論があったことはよく考えれば特に不思議ではない。行政当局にせよ、個別企業にせよ、求められていた、ないしは目指していたのは軍需生産の維持拡大である。しかもこれも当たり前のことだが、絶対的な労働力不足は突然やってきたわけではない。総力戦としての日中戦争が始まった時点で労働力不足が問題となっていたのは主に炭鉱であり、その原因は他産業よりも労働条件や待遇が劣る点にあった。そこにおける労働者充足のための方策は何も朝鮮人労働者を連れてくることに限定されていたわけではない。付け加えれば日本語が通じぬ未熟練労働者である朝鮮人労働者の導入は、個別企業や行政当局にとってメリットばかりというわけではなかった。

したがって、戦時下の労働力不足という状況にあっても朝鮮人労働力の導入を行うか否かは無条件、必然的に採用されるべき政策とされていたわけではない。同時に朝鮮人労働者を導入するにせよ、その人数や方法をめぐる意見、企業を含む社会の側の対応は幅を持ち得たのである。

そして戦時下における朝鮮人労務動員をめぐる議論や対応について見ていくことは次のような点にかかわって意義があると思われる。

まず朝鮮人労務動員は日本の労働問題の一環として存在している。それゆえ、この問題をめぐる議論は、日本人労働者の労働条件や待遇——特に人手不足が目立っていた炭鉱等におけるそれ——のあり方について考える材料も提供する。

また朝鮮人労働者導入をめぐる議論や彼らへの対応の問題についての検討は、日本帝国や日本人が朝鮮人をどのような存在とみなしていたのかを理解する上で重要である。のみならず、それは日本社会のあり方をどのように考えていたのかの一端を知ることにもつながるはずだ。なぜならば朝鮮人労働者の導入をすべきか否か、どのようにあるいはどの程度それを進めるかは、日本人以外の民族の存在を前提とする社会を変えるのか、変えるとすればどの程度の変化を許容するのかということとウラオモテの関係にあると言えるからである。それは多民族帝国であった敗戦までの日本国家の民族関係、民族政策の内実の検証という意味をもつだろう。

そうした作業はもちろん現代的課題の解決と直接的につながるわけではない。しかしそれは近年のエスニックマイノリティとマジョリティとの関係や、外国人労働者をめぐる問題を考える上でも無益ではないだろう。偶然にも一九四五年八月時点の日本内地在住朝鮮人数と近年の外国人労働者の数は似通っている(前者が約二〇〇万人と推計されるのに対して、二〇〇九年末時点の法務省入国管理局統計による外国人登録者数は二一八万六一二一人。ただし二〇一〇年代初頭の日本の人口は約一億二八〇〇万人であるが敗戦前の日本内地の人口は約七〇〇〇万人であり、しかも中国人や台湾人などもいたことをふまえれば、エスニックマイノリティの人口比率は一九四五年八月時点のほうが現在より高かったことになる)ことを考えれば、戦時下と現代日本の差異は大きいにせよ、当時の状況は現代に生きる者にとって参照するに値するのではないだろうか。

史料と方法

以上のような点を意識しながら、本書では強制連行の中心的な動員である朝鮮人労務動員を捉え直し、そこから見えてくる日本および朝鮮の歴史の特質、それが日本人・朝鮮人にとってもった意味をも考えていくこととする。

もっともこれはやや意欲的にすぎる目標かもしれない。すでに述べたように研究が十分進んでいるとはいえないこの問題については、基礎的な歴史事実が明らかになっていない部分も多いし、歴史研究者がうまく説明できていない疑問も残されているからである。その点をふまえ本書では朝鮮人労務動員がどのように計画され、実行に移されたかを解明し丁寧に説明することを心がけたい。

そのために依拠する史料は主には行政当局や企業、関連産業団体の作成した文書や、当時の新聞・雑誌などである。これらからは動員を遂行する側の立てた計画および政策・制度とその背景をうかがい知ることができるであろう。

しかし朝鮮人労務動員という歴史事象を捉える上では、いうまでもなく朝鮮民衆の視点に立った事実の検討も必要である。つまり政策・制度だけではなく動員される側に即した実態の解明が求められる。だがこれにかかわる同時代に作成された史料はあまり残っていない。朝鮮人は植民地支配のもとで自由を極度に制限されていたし、教育を受ける機会を奪われた民衆が史料を残すことが困難だったためである。そこでこの点については日本の敗戦＝朝鮮人にとっての解放の後にまとめられた当事者の回想や証言、あるいは当時の行政当局や企業等の文書に少数含まれる朝鮮民衆の動向の記述を注意深く利用しながら論じていくこととしたい。

もっとも動員された朝鮮人の経験はそれぞれの置かれていた条件、事情によって相当に多様である。その一つ一つを紹介していくことは無理であり、本書ではあくまで政策・制度との関係でそれを論じるにとどめる。

このほか、朝鮮人強制連行については日本敗戦後から現在に至るまで残されている問題も多々ある。支給されないまま未払いとなっている賃金の問題も残されているし、動員によって精神的肉体的被害を受けながらそれに見合う十分な補償を受けていない人びとも存在する。その歴史にどのように向き合い未来に向けて伝えていくか、遺骨の奉還、慰霊や追悼をどう進めていくのかという問題も提起されている。こうしたいわゆる戦後補償や思想的課題については筆者の能力では対応しきれないものであり、本書では扱っていない。

第1章
立案調査と準備不足の始動

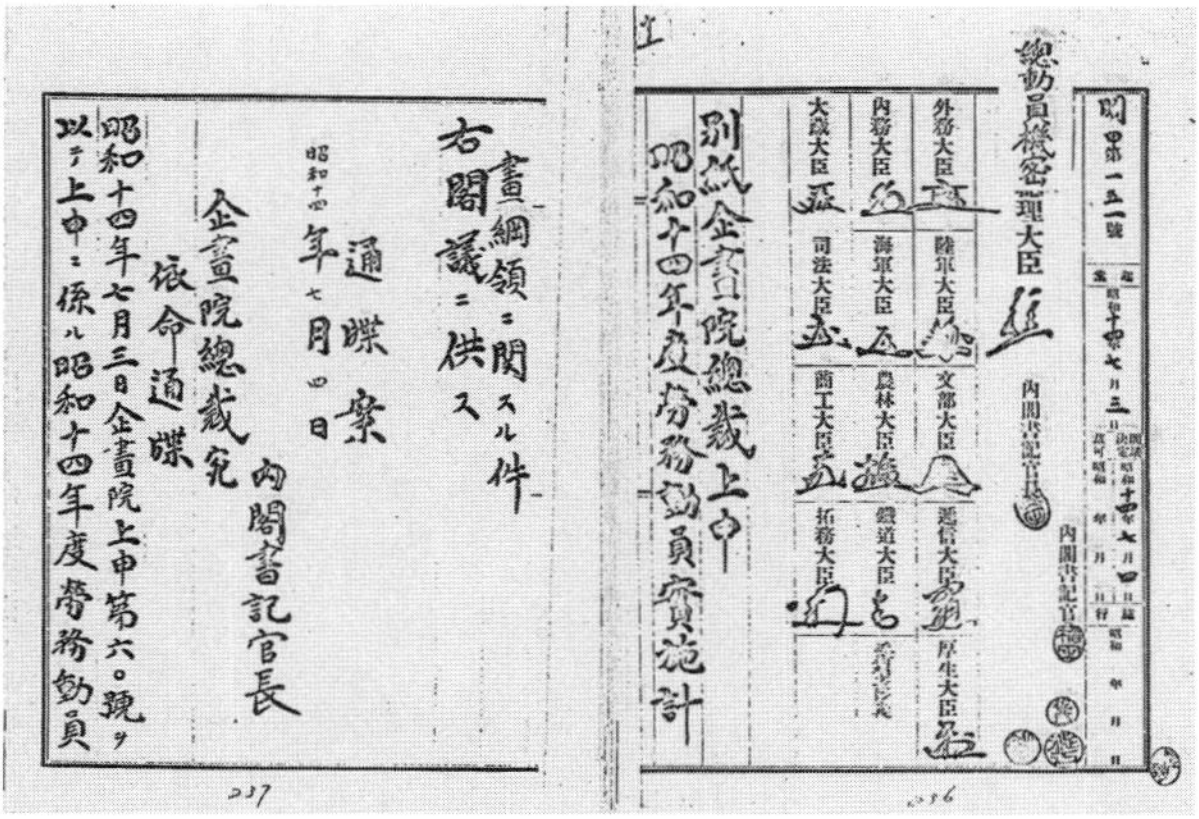
閣甲第一五一號
總動員機密
總理大臣
外務大臣
陸軍大臣
文部大臣
遞信大臣
厚生大臣
內務大臣
海軍大臣
農林大臣
鐵道大臣
大藏大臣
司法大臣
商工大臣
拓務大臣
內閣書記官長
內閣書記官
別紙企畫院總裁上申昭和十四年度勞務動員實施計畫綱領ニ關スル件
右閣議ニ供ス
通牒案
昭和十四年七月四日
內閣書記官長
企畫院總裁宛
依命通牒
昭和十四年七月三日企畫院上申第六〇號ヲ以テ上申ニ係ル昭和十四年度勞務動員

国立公文書館に保存されている，労務動員計画として初めてのものである「昭和十四年度労務動員実施計画綱領」の閣議決定の文書の冒頭部分．同計画には朝鮮から日本内地に移動させるべき労働者として8万5000人の数字が計上されていた(アジア歴史資料センターのサイトより)．

1　植民地期の朝鮮社会と人口移動

「近代化」の度合い

労務動員が行われるようになった頃の朝鮮はどのような社会状況にあり、そこで人びとはどんな暮らしをしていたのだろうか。労務動員について当局者がどのような問題に直面したのか、あるいは朝鮮民衆にその政策がいかなる影響を及ぼしたのかを考えるには、まずこの点を把握しておく必要があろう。以下では、戦時体制構築前後、具体的には一九三〇年代後半の朝鮮の状況について朝鮮人労務動員を考える前提としておさえておくべき点を述べることとする。そこでは二一世紀の日本に生きる人間にとっては感覚としてつかみにくいであろうことを中心に、やや煩雑ではあるが統計データを示しつつ日本内地との比較をふまえて説明を進める。

朝鮮の面積は約二二万平方キロメートル、日本の本州より若干小さい。その人口は戦時下には二千数百万人になっていた。日本内地と比べると面積は六割、人口では三分の一程度であり、日本帝国全体のなかでも決して小さい存在ではなかった。なお、人口のなかには日本人と少数の外国人（主に中国人）が含まれるが、その比率は二〜三％程度である。

朝鮮を版図とした日本はインフラの整備を行い近代的な制度や文物を持ち込み、「開発」を進めた。それは朝鮮民族の利益のためではなく日本帝国のために行ったことであったが(そして日本が行わずとも、自主的な近代化の努力は朝鮮民族自身が植民地化以前から行っていた点も強調されるべきだが)、いずれにせよ朝鮮社会は近代化しつつあったことは確かである。特にこの時期には日本、ないしは当時の先進諸外国の都市と同様の先端的な文化や技術の導入が進んでいた地域やそれを享受していた人びとがいたことも事実である。

しかし京城(現在のソウル)のような都市はともかく、朝鮮全体について見れば都市化や工業化が進んでいたのは一部であり、インフラの整備もまだまだ十分ではなかった。しかもそれは同じ時期の日本内地と比べた場合も相当に遅れていた。

まず人口の多くは都市以外に暮らしていた。そもそも日本の市にあたる府自体が一三しかなく、そこに住む人口が朝鮮全体の人口に占める比率＝都市人口比率は一九三五年時点で七％程度にすぎない。朝鮮人に限ってみれば、この数字＝都市人口比率は若干ではあるがさらに小さくなる。また、一九三〇年代には中国大陸における日本の勢力圏拡大を背景として朝鮮での重化学工業は発展したものの、職業別人口ではまだ相当に農業の比率が高かった。農業戸数が有業戸数全体に占める割合は一九四〇年時点では約六九％となっていたのである。なお同じ時期の日本内地についての統計は都市人口比率(日本内地人口中の市在住者の比率)が約三八％、有業人口中の農業人口比率は四一・五％であった。

重要な地点を結ぶ交通網も整備されつつあった。しかしこれも日本内地に比べれば相当に遅れていたと見なければならない。国有鉄道に関して言えば、一九三五年の営業キロ数は三三八九・五キロメートル、輸送量は一七億六三〇〇万人キロ（旅客一人を一キロメートル輸送した量を示す）で、それぞれ日本内地の五分の一、一四分の一強である。農村部に住む朝鮮人が鉄道で簡単に移動するという状況は存在しなかったのである。バス路線も貧弱であり、主要鉄道駅からやや大きめの町への連絡でさえ便数は一日数便程度にすぎない。

したがって、都市から農村部への移動、あるいは農村部内での移動は便利な交通手段を用いるにも限界があり、時間がかかるのが普通であった。この時期に日本の文壇でも活躍していた朝鮮人作家金史良（一九一四―一九五〇年？）が短編小説「草深し」で描いた、山奥の火田民（焼畑耕作を行う人びと）の集落を訪ねるために郡の役場がある集落から日に一便しかないバスを利用し、さらに何時間も歩いてたどり着く、というのはやや極端な例と見るべきだろうが、一番近い鉄道の駅まで出るのにも何時間も歩くといった集落はそう珍しくなかったはずである。

さらにはそうした集落で電話や電気の設備がないということも稀ではなかった。あるいは金達寿（一九一九―一九九七年）が故郷の朝鮮の村を訪ねた経験をもとに、この時期に発表した小説「族譜」に書かれているように、電気は通ったが、電灯を使っているのがほとんどない集落（金達寿によれば集落の中で電気代を払える家が二軒だけにすぎなかったという)もあっただろう。

低い識字率

以上のように物質的な「近代化」において当時の朝鮮は日本内地と相当に差が存在していただけでなく、そこに住む人びとの教育や文化も「内地並み」では決してなかった。朝鮮総督府は朝鮮での教育や文化の向上を誇ったし、確かに戦争末期までに初等教育はある程度普及し、日本語を理解する朝鮮人が増えたのは事実である。しかし朝鮮人就学率が上昇するのは戦時期であり、それ以前において当局はそう熱心に朝鮮人への教育に力を注いでいたわけではない。

これは日本国家が朝鮮人に何を求めていたかという問題に関係している。つまり総力戦への朝鮮人の動員を想定せず、家族単位で営まれる農業への従事を常態と考える時期には日本国家は、日本語能力や近代的教育に基づく知識を習得したり、団体訓練を受けたりした朝鮮人をあまり必要としていなかった。そのようななかではコストのかかる教育の普及に当局はそう熱心にならなくともよかったのである。

具体的に朝鮮人の就学率を見れば、一九三五年時点で一七・六%(男子が二七・二%、女子が七・三%)となっており、一九三六年の日本語理解率(一〇歳以下を不理解者として計算した数字)は九・八%(男子では一六・一%、女子三・四%)であった。総力戦突入以前に学齢期を迎えていた朝鮮人について見れば、日本語が通じないのが普通であったのである。

しかも当時においては、日本語のみならず朝鮮語についても文字は知らないという人びとが相当数存在した。ハングル理解率(一三歳以上の人口に対する理解者)は解放直後の南朝鮮(三八度線以南)においても二二%にとどまっていた。したがって戦時体制確立の時点ではもっと少なかったはずである。

そして、学校に通うことなく、したがって日本語どころかハングルも知らないという人びとは都市よりは農村に多く、農村のなかでも低い経済階層の人びとに多かった。自小作農や小作農では、一家のなかで世帯主も含めて誰も文字を知らないということもしばしばあった。朝鮮総督府の調査によれば、一九三八年時点で自小作農の八・三%、小作農の一二・四%がそのような家庭であったとされている。

なお植民地期の朝鮮の初等学校の就学率と日本語理解者の比率は台湾と比べても低かった。台湾でも総力戦以前の段階では人材育成に力が注がれたとは言えないが、植民地となってからの時間の経過がより長かったことが影響していると思われる。

メディアの未発達

識字率の低さともおそらく関係してマスメディアの普及がきわめて限定的であったことも、

この時期の朝鮮社会を理解する上で重要な点である。一九四〇年の日本語日刊紙を購読する朝鮮人数は一一万人弱、一九三九年の朝鮮語日刊紙の朝鮮人購読者数は三紙について単純合算して一九万人弱であった。同じ時期の朝鮮人人口が二二〇〇万人程度、戸数が約四一〇万戸であったことを考えれば、新聞購読者は微々たるものである。しかもその多くが都市に居住していたことを考えれば、農村では役場や学校以外では新聞をとっている家庭はゼロか、ほとんどない、というのが一般的であったと見るべきだろう。

新聞と並んで二〇世紀前半に重要なメディアとなっていたものとしてラジオがある。朝鮮でも一九二七年にラジオ放送が開始されており、朝鮮語による番組も流されていた。その意味では朝鮮人聴取者も想定していたことは間違いない。これが普及すれば、非識字者の朝鮮人にも大きな影響を与える可能性があっただろう。

しかし、朝鮮人のラジオ普及率(ラジオ登録台数を全戸数で割った数)は、一九三五年時点で〇・三七%にとどまっていた。これは朝鮮全体の数字であるので、農村でラジオのある家庭はさらに少なかった――そもそも電気の通っていない地域も珍しくなかったわけであり――と推測される。以上のような状況は、農村でも新聞をとりラジオを設置している家庭が一般的であった同時代の日本内地の状況とは大きく異なっていた。

行政機構とその人員

日本帝国は植民地である朝鮮に朝鮮総督府を置いて支配を行った。それは中央省庁にあたる本府のほかに、日本内地の県レベルの組織である道、市町村にあたる府邑面を置く行政機構だった。末端に駐在所をもつ警察を全土に張りめぐらし、朝鮮民族の抵抗を抑えていた。さらに朝鮮には二個師団が置かれており、朝鮮総督府のトップである総督は場合によってはこれを動かすことも可能であった。

そのようななかでも、よく知られているように朝鮮民族はさまざまな形で抗日運動を続けていた。また、抗日の意思を表さない人びとも実際には日本帝国の支配に対するさまざまな不満をもっていたであろう。だが、戦時体制が築かれた一九三〇年代末には、徹底的な弾圧や民族運動家への監視、懐柔によって朝鮮内においては抗日運動の公然たる展開はほぼ押さえこまれていた。

しかしそれは、必ずしも朝鮮内のあらゆる空間で隅々まで監視と統合の施策が行き渡っていたということを意味しない。一般行政機構にせよ警察にせよ、職員の配置状況から見てさまざまな限界があったと考えられるためである。

まず一般行政機構について見れば、一九三五年時点での朝鮮の邑と面の吏員数は一万五九〇九名(名誉職である邑面長と区長を除く)、邑面人口一万人当たりの吏員数を算出すると七・八人である。同じ年の日本内地の町村人口一万人当たりの一般の吏員数(町村長・助役・収入役・区長等を除く)は一一・〇人であったので朝鮮のほうがやや少ない。議会や徴兵関係の事務が朝鮮ではそれほど多くなかったという事情もあるが、一方で朝鮮では識字率、日本語理解率が低かったことを考えれば、日本内地並みの住民管理や施策の遂行が期待できたかは疑問である。

警察力については重要視されており、一つの面に一つ以上の駐在所が整備されていた。しかし、警察官の配置状況も日本内地並みの水準とは言い難い。朝鮮全体の警察官の人員は一九三五年末時点で一万九四一〇人、うち巡査が一万八一五三人となっており、巡査一人当たりの人口と面積を算出すると一一八六人、一二・一六平方キロメートルとなっていた。同じ年の日本内地の統計では、巡査一人当たりの人口と面積はそれぞれ一〇九八人、七・四平方キロメートルである。そして都市部への人口集中が進んでおらず、交通の利便性でも劣る朝鮮での警官による管内の状況の把握は日本内地以上に労苦を伴ったはずである。

社会教化の限界

以上のようななかで総力戦に突入した日本帝国は、朝鮮民衆を教化し戦争に協力させなければならなくなった。そのために朝鮮総督府は、一九三七年七月、情報宣伝の強化を目的とする朝鮮中央情報委員会を設置、さらに一九三八年七月、国民精神総動員朝鮮連盟を発足させた(一九四〇年にはこれを国民総力朝鮮連盟に改組)。これらの組織は職域とともに地域においても整備された。その最末端には同じ時期の日本内地における隣組に似た、一〇世帯程度をひとまとまりとする愛国班が置かれた。

だが、こうした翼賛組織が整備された後も含めて朝鮮民衆の総力戦への積極的な協力は見られなかった。そもそも、日本内地ではまがりなりにも民間団体を糾合して翼賛組織を結成ないし衣替えを進めたわけであるが、朝鮮では事情が異なる。朝鮮では朝鮮人が自主的に近代的組織活動を行うこと自体が著しく制限されていたからである。前述の国民精神総動員朝鮮連盟も形式的には民間団体とされたが、役員の大部分は官僚であり、事務局は官庁に置かれ、実態は官製団体にすぎないものとなっていた。

そしてこうした組織を作ったとしても上からの教化自体がかなりの困難を伴っていた。ラジオは都市の富裕層が聞くだけ、新聞を読む人も少ないといったなかで、マスメディアによる宣伝の効果もそう期待はできなかった。実際、朝鮮総督府が主に依拠した情報宣伝の手段は講演会や警官や官吏が主催する座談会、紙芝居といったものであった。

だがこれも実際の効果がどれだけあったかは疑問である。前述の金史良の小説「草深し」には、朝鮮人の郡守(いくつかの面をまとめる郡庁の長)が当時の社会教化の課題の一つであった色衣奨励(当時、白い民族服を着用するのが一般的であった朝鮮人に染色した民族服を着るよう進めた)を住民に向かって演説する場面がある。それは郡守がわざわざ用いる「全く哀れな程へんちくりんな内地語(日本語)」を下級官吏が朝鮮語に通訳するものの、「山民達は口をぽかんと開けて、何を云つてゐるのだらうかと物珍しさうに眺めてゐる」というものである。金史良自身の見聞をもとにしたこの小説は当時の社会教化において政策意図や内容が民衆に伝わっていない様子を描いていたと言えよう。

付言すれば、この小説では演説を聞くために集められた民衆が帰るさいに役人らが服に墨を付けて、色衣着用の意志をもつ朝鮮人が増加したこととして上級官庁に報告するつもりであることも記されている。郡守が語る「数字《しう》を多くしないと郡守はつとまらんのでな」「官庁では何でも数字数字ぢや」という言葉は、当時の朝鮮行政に存在した、政策の実質的効果や実態把握の軽視、上意下達で形式のみが重んじられる状況を表していると考えられる。

農民の没落と移動

以上のほか、当時の朝鮮の経済状況、具体的には生活困難な人びとが多く存在したこと、植民地期を通じて農民没落の現象が広範に見られたことをおさえておく必要があるだろう。朝鮮総督府調査の農民の階層別構成では自作農の減少と自小作、小作農の増加傾向が続き、一九四〇年では自作農約一八%、自小作農約二三%、小作農約五三%、火田民と農業労働者が合わせて約六%と、自己の土地のみで農業経営を維持していた者は二割に満たない水準となっていた。多数を占める小作農は七割というケースすらあった高額小作料に苦しんでいた。しかも朝鮮農民中、十分な農地で経営を維持している者自体がそう多くなかった。朝鮮において農業で生計を維持する上で必要な農地は一町歩程度とされていた。だが一九三八年の統計によれば、朝鮮農家全戸のうち一町歩以下の農地での経営戸数は六三%程度を占めていたのである。なお穀倉地帯の朝鮮南部の道では一町歩以下の経営戸数の比率はさらに大きく全体の八割程度となっていた。

こうした生活困難者のうち、機会を得た者は朝鮮農村以外の地へ移動して生存のために働いた。朝鮮内の都市や鉱工業地帯、「満洲」(中国東北部、以下カッコを外して表記する)、そして日本内地が行き先であった。その際、日本内地は生活の維持、向上のための職を得られる有望な移動先として――朝鮮南部においては特に――認識されていた。これは、朝鮮内の鉱工業が十分に雇用吸収を行いうるほどの発達を遂げておらず、賃金や労働条件も日本内地より劣っていたこと、満州の治安が安定していなかったことなどが関係している。

日本内地に向かう朝鮮人の数が目立ち始めたのは一九一〇年代の半ばであり、これは第一次世界大戦の好況を背景としていた。一九二〇年代に入ると好況は終了し、その後の恐慌のなかで日本内地では失業が社会問題となり始めるが、朝鮮人渡日者はむしろ増加していった。これに対して内務省は朝鮮総督府側の警察と協力しつつ、ビザに類似した渡航証明書の所持を事実上義務付けて朝鮮人の流入を極力抑えようとする措置を一九二〇年代後半以降とるようになっていた。だが、朝鮮農民の経済状況の悪化を背景に、日本内地に向かおうとする人びとはいっこうに減少しなかった。

なお、時期が下るにつれて日本内地への朝鮮人の移動はそれなりの情報収集と準備をもとに、有利な条件を求めて行われるケース(以下ではこれを生活戦略的移動と呼ぶこととしたい)が増加していた。就職先や居住の場所の目途もなく日本内地にやってきても(日本人の当局者はこれを「漫然渡航」と呼んだ)悪質な手配師の手引きで監獄部屋、すなわちタコ部屋とも呼ばれた、奴隷的労働に従事させるため、厳しい監視を行う労働者管理の施設に送り込まれるのが落ちであり、そもそもそれでは渡航証明書が得られなかったためである。

「朝鮮人移住対策の件」

右のような状況への対処として一九三四年一〇月、政府は「朝鮮人移住対策の件」を閣議決定することとなる。これは朝鮮人の移動の統制にかかわる日本帝国政府レベルでの初めての決定であった。その内容は、日本内地での日本人の失業問題やエスニックな葛藤の激化を避けるべく、朝鮮からの日本内地への移動を極力阻止・抑制しようというものだった。具体的な方策としては渡日希望者に対する諭旨の強化や日本内地事業主に新たな朝鮮からの雇入れを差し控えるべきことの指導のほか、渡日希望者を満洲(一九三一年の満洲事変と翌年の満洲国建国によって、そこは日本帝国の勢力圏となっていた)や朝鮮北部の開拓のための労働力に振り向けることが盛り込まれていた。

この閣議決定を受けた政策はある程度の効果をもった。朝鮮総督府の統計では一九三三年と一九三四年の渡日者は一五万人台、そのうち一時帰郷者の再渡日を除いた労働者の数＝新規渡日労働者数は七万人台であったが、一九三五～一九三七年には渡日者は一〇万～一二万人台で推移し、新規渡日労働者数も三万人台となり、かつこの間減少していたのである。一九三八年には渡日者が一六万人台となり閣議決定以前の水準に戻ったが、新規渡日労働者自体は三万九〇〇〇人程度にとどまっていた。

もちろん、新規渡日労働者数の減少は朝鮮農村の経済状況が急激に改善されたためではなく、朝鮮人が出した渡航証明書の発給申請を大量に却下することによって成し遂げられたものであった。当然、このことは朝鮮民衆の不満を増大させていた。そしてこの間の状況の変化の中で、日本内地側でも朝鮮人渡日抑制方針の変更を望む声が上がりつつあった。

2　労働力不足をめぐる議論

軍需景気と人手不足

しばしば見落とされていることであるが、日本内地における労働力不足は日中戦争に伴う日本人の出征等によって急に引き起こされたわけではない。すでに日中戦争の始まる直前には人が足りないとの声が目立つようになっていたのである。

その背景には一九三〇年代半ばの軍拡と関連した重化学工業生産の増加があった。ただしこの時点ではすべての部門で絶対的に労働力が不足していたわけではない。日本内地には内務省の統計によってもまだ失業者は三〇万人以上もいたし、そのほかに農村には「過剰人口」があると見られていた。実際に新規学卒者のほか、恐慌期に帰農していた人びとや失業者、転業や兼業が有利と考えた農民らを吸収しながら鉱工業の就業者数は増えつつあった。

しかしこれを産業別にみると、重化学工業では伸びが著しかったのに対して炭鉱など鉱業では相対的に小さな増加にとどまっていた。重化学工業の生産のためにはこの時期、石炭が必要であり、石炭の採掘は人力に依拠する部分が大きかった。つまり炭鉱では増産を担うべき十分な労働力を集めることができずにいたのである。

こうした状況に対し炭鉱経営者は朝鮮人渡日抑制策の撤廃要望、つまり朝鮮人の導入による人手不足への対処を模索し始めていた。一部の炭鉱ではそれ以前から朝鮮人労働者を使用していたし、朝鮮に相当多くの渡日希望者がいることが知られていたから、そうした動きは特に奇異なものではないとも考えられる。

だがそれは炭鉱の労働力不足への根本的な解決策とは言いがたいものであった。炭鉱への就労が忌避される理由は炭鉱の労働条件が重化学工場などに比べて劣っていたためであり、人を集めるには労働者の待遇や労務管理の改善が必要であった。あるいは人力に頼らず機械化を進めるという選択肢も経営者にはあっただろう。

しかし朝鮮人導入はそうしたことの考慮なしに、彼らの困窮と無知につけ込んででも労働者を確保すればよいという発想をもってなされようとしていた。『大阪毎日新聞』一九三七年六月一六日付はこの問題に関連して次のように報じていた。

炭坑労働者は特に熟練工というほどのものではなく一、二年もすれば一人前になるのは難しくないが、わが国ではこの産業の始まりから〝監獄部屋〟の名をもって呼ばれる特殊の親方制度的な労働条件が多かれ少なかれ支配しているため、労働者の募集は難しい……殊にいまのような時勢で大口に求めるのは針の穴にラクダを通すようなものである。こうなると、いまさら半島労働者の大量渡航を禁止したのがうらめしい。朝鮮景気が何といっても、朝鮮の農民が依然として半飢餓的な困窮に陥れられている事実は変りがないのだから内地といえば金の砂利でもころがっているとでも思っている半島人を大量的に誘い込むには、釜山の監視所の門さえ閉じてしまえばいいわけである。

朝鮮人労働者導入を求める日本内地側の動きは朝鮮総督府にも伝わっていた。朝鮮農村の「過剰人口」の整理＝農村以外への移動を推進しようとしていた朝鮮総督府は、しかし日本の炭鉱への労働者送出にこの時点では賛意を示していない。右の記事から約一〇日後、『朝鮮日報』一九三七年六月二七日付は、九州地方の炭鉱からの朝鮮人労働者斡旋の依頼に対し当局が許可しない方針であることを伝えている。その理由の一つは、それ以前において、日本内地の炭鉱が仕事場さえあればという朝鮮人を連れてきて安い賃金のもとで酷使した〝賤待事実〟があったためであるとされている。朝鮮統治の責任者としては、そうした詐欺的募集と悪辣な労務管理が朝鮮人の不満を強めることを警戒せざるを得なかったのであろう。

日中戦争の勃発

このような議論が行われていた中の一九三七年七月七日、右の『大阪毎日新聞』の記事が出てから三週間後に盧溝橋事件が勃発した。これを契機に日中間の軍事的な衝突が拡大し、日本人青年男子の軍事動員が増加していった。炭鉱の労働力確保にいっそう困難な条件が加わり、しかし軍需生産拡大のための石炭増産が求められることとなったのである。炭鉱経営者の団体は、一九三七年九月、朝鮮人渡航制限の緩和を含む対策を取るよう政府当局者への陳情を行った。

だが日本内地の労働行政を担当する内務省は、朝鮮人渡日抑制の方針を簡単には変えなかった。すでに七月末の段階で政府は軍需要員充足に遺憾なきよう関係機関に指示、九月には軍需工業動員法(一九一八年に制定されていた総動員のための法令)に基づく労務動員を実施するための法的措置をとって、内務省社会局を中心に軍需労務の充足を進めていた。しかしこの段階では渡日規制を緩和し朝鮮人労働者を大量に導入するという措置は取られなかったのである。

これはもし人手が不足する職場に朝鮮人を入れた場合、彼らが戦争終結後——「支那事変」と呼ばれたこの日中間の武力衝突は当初、短期のうちに日本の勝利で決着すると予想されていた——に日本内地に残り失業者問題を発生させることを憂慮したためであろう。その際、日本内地在留朝鮮人の都市スラムへの滞留や、軍需景気下の一九三六年時点すら日本内地の失業者中十数%を朝鮮人が占めるという状況(ちなみにこの比率は恐慌期よりもむしろ増えていた)が関係当局者の判断に影響を与えた可能性が高い。

もちろん炭鉱労働力確保に向けて行政当局が何もしなかったわけではない。内務省社会局は戦争勃発後に対策に動き、一二月には公益職業紹介機関に労働者確保を督励する通牒を発している。その具体的方策としては日本内地在住朝鮮人中の失業者を極力炭鉱にふりむけることも挙げられていた。

だが内務省社会局の指示が出る以前の一〇月、大阪市の職業紹介所の状況を調査していた警察当局は、「労働単価の低廉なること」「労働過激なること」や「文化生活への憧憬」「戦時体制下に於ける自由労働者の需要増加」を理由に朝鮮人求職者が炭鉱の求人に応じようとしていないことを報告していた。このことは炭鉱の労働条件の改善が労働力確保の必要条件であったことを示している。実際に内務省もそれを炭鉱経営者に要請してはいた。

しかしその後も炭鉱の労務管理や賃金等が著しく改善されることはなかった。それゆえ炭鉱労働者不足に対応する施策は実効を上げることなく、石炭産業は「労力市場に於ける労力吸引競争に敗退」(労働科学研究所『炭礦に於ける半島人労務者』一九四三年)することとなる。

3　法令の整備と動員計画樹立

国家総動員法

この間、日中の全面的な軍事衝突が長期化する事態に直面した日本政府は総力戦を遂行する体制を整えようとしていた。政府は、総力戦確立のための法令としては不十分であった軍需工業動員法に代わる国家総動員法案を帝国議会に提出、成立させた。一九三八年五月より施行となった同法は、戦時ないし戦争に準じる事変の際に国が人的及び物的資源を統制運用のため必要な措置をとりうることとしていた。

その手続き等の細かな規定は勅令をもって定めることとなっており、以後、各種の総動員について の勅令が出された。労務動員についても、例えば国家総動員法第四条にある徴用に関する勅令として国民徴用令が一九三九年七月に公布、施行されている。このほか、徴用を行う前提として自己の就業場所、居住地等の職業紹介所への申告(これを国民登録と呼んだ)、徴用とは異なる総動員業務への協力、あるいは雇入れや職場の移動の制限、賃金の統制等にかかわる各種の法令が議会を通さず勅令として制定されていった。なお、国家総動員法と同法に関連する勅令の大部分は朝鮮をはじめとする植民地でも、日本内地と同様に施行されることとなる。

職業紹介所の国営化

これとともに整備された法に基づく労務動員のため行政側の体制確立も進められた。労務動員の遂行には、まず求人と求職の把握、労働者の登録、それに基づく事業所への配置、移動の制限等といった、労働市場への間接的な統制が必要となる。この業務は中央のレベルでは、一九三八年一月に内務省から分離する形で発足した厚生省が担当した。

一方、地域レベルでこれを担う行政機構となったのは職業紹介所であった。しかし総力戦開始以前の時点の日本内地の職業紹介所は、ほとんどが市町村立であり、失業救済のための機関という性格が強かった。そこで政府は職業紹介所を国営化し、それを労務動員のための各種業務を行う機関として位置づけるとともにその増強を図る必要に迫られていた。

そのため、政府は職業紹介法全面改正を決定、国会で成立させた後、一九三八年四月一日に公布、七月一日から施行した。同法は「政府が労務の適正なる配置を図る為本法により職業紹介事業を管掌す」とし(第一条)、政府以外が職業紹介事業を行うことを原則として禁止(第二条)、政府が職業紹介所を設置すること(第三条)を定めていた。これを受けて市町村等の公共職業紹介所は国営に移管されるとともに、労務動員を担うための職員も増員されたのである。一九三八年度における日本内地の職業紹介所は三八四カ所、職員は三〇七九人であった。これに対して、次に見るように朝鮮での職業紹介所の体制はきわめて貧弱であり、職業紹介法も朝鮮には施行されなかった。

朝鮮の労働行政

朝鮮でも日中戦争開始後、総力戦に即応した体制や施策の検討が始まっており、一九三八年八月には、朝鮮総督府時局対策調査会が設置された。朝鮮総督府は同調査会に、「前進兵站基地」たる朝鮮がどのように「時局」、つまりは総力戦に対応するかの諮問を行った。これを受けて、翌月、官僚や朝鮮人民間有力者らの委員による審議が開始され、政治、経済、教育、文化をはじめとして全般にわたって取るべき施策の諮問を行った。そこではもちろん、労務需給の調整についても論じられていた。

しかし、この時点で朝鮮総督府は労働関係の施策として、そう多くのことを行っていたわけではなかった。もちろんそれは当時の朝鮮が農業社会であり、労働者が少なかったためである。また、日本内地で施行されていた工場法などの労働者保護法規――今日の水準から見れば保護法規とは言い難い内容であったにせよ――も朝鮮では施行されていなかったし、労働関係の統計も詳しいものは取られていなかった。そして、職業紹介所も設置数・職員数とも日本内地と比べてごく少なかった。一九三七年末時点の公立の職業紹介所は一〇ヵ所、専任職員数は三四人(このほかに兼任四人)にすぎなかったのである。

ただしこの時期、朝鮮でも労働行政は重要性を増していた。特に朝鮮北部の工業化のための労働力の確保は課題として意識されつつあった。しかしこれについては職業紹介所が核となるのではなく、主には府邑面を通じた「斡旋」の制度で対応していた。一九三四年から実施されているこの制度は、朝鮮南部にいる困窮した農民らを朝鮮北部の事業場に就労、移住させるものである。斡旋の対象となった朝鮮人数は年々増加しており、一九三七年度は一万一九六五人だったのに対して一九三八年年度は六月末までで、すでに一万九五一六人となっていた。

このような状況に対して、朝鮮総督府時局対策調査会は、労務調整機関の整備拡充を答申していた。とは言え、短期間で朝鮮全土に職業紹介所等を設置し、大量の職員増員を図ることは困難であった。結局、その後、専門的労務調整機関の増設や職員増員に関する具体的な計画は樹立されていない。

なお、朝鮮総督府時局対策調査会の答申では、労働関係についてはこのほか、労働者の一斉調査実施、技術者の登録、労働者の待遇改善などの点が盛り込まれた。また、労務需給の施策にかかわって、朝鮮外への労働者の移動について朝鮮内の労働事情をふまえて遺憾のないよう注意し、弊害をあらかじめ防ぐことも記されていた。ただし、日本内地への労働力送出についての具体的な方策は論じられていない。時局対策調査会の議事録を読んでも、この点は語られておらず、この問題は少なくとも重要な施策となるとは想定されていなかったと見られる。

労務動員計画の策定

こうしたなかで、一九三九年度からは年度ごとに企画院が中心となった物資、労働力、輸送等の国家総動員の計画の策定と、それに基づく具体的な統制・動員の実施が行われることとなった。労働力については労務動員実施計画として一九三九年七月四日に閣議決定が行われている。これは、その年度に必要とされる戦争遂行のための労働力の需要とその給源を記したものであった(表1・2)。そしてそのなかに、日本内地の炭鉱等に配置するべき労働力の給源として朝鮮半島からの労働者八万五〇〇〇人分が計上されたのである。これが日本帝国による日本内地にかかわる朝鮮人労務動員政策の最初の決定である。

この決定は日中戦争初期段階までの朝鮮人労働力活用への慎重な態度の政策転換を意味していた。戦争の長期化の見通しと労働力不足の進展がその背景にあるだろう。ただし動員計画策定のための調整に入った時点でも、政策当局者のすべてが朝鮮人労働者活用に積極的であったわけではない。

日本内地側のこの問題に関係する省庁としては、厚生省と治安問題担当の内務省のほか産業政策を担った商工省がある。このうち商工省は当初より朝鮮人導入に賛成であったのに対して、内務省と厚生省は一九三九年四月段階でも賛意を示していなかったことが当時の報道から確認できる。両省の担当する行政の内容を考えれば、消極論は戦後における失業問題や民族的な葛藤を含む治安への影響の懸念が関係していると推察されよう。

表1　1939年度労務動員計画における「一般労務者新規需要数」(日本内地)

(人)

	男	女	合　計
軍需産業	146,000	15,000	161,000
生産力拡充計画産業	137,000	6,000	143,000
上記の附帯産業	152,000	17,000	169,000
輸出及必需品産業	30,000	65,000	95,000
運輸通信業	93,000	6,000	99,000
小　　計	558,000	109,000	667,000
減耗補充所要数	154,000	221,000	375,000
合　　計	712,000	330,000	1,042,000

典拠：企画院「昭和十四年度労務動員実施計画綱領(案)」1939年6月20日.

表2　1939年度労務動員計画における「一般労務者給源別供給目標数」(日本内地)

(人)

	男	女	合　計
新規学校卒業者	266,000	201,000	467,000
物資動員関係離職者	70,000	31,000	101,000
農村以外の未就業者(手助を含む)	64,000	23,000	87,000
農村未就業者(手助を含む)及び農業従事者	191,000	65,000	256,000
労務の節減可能なる業務の従事者	82,000	11,000	93,000
女子無業者	0	50,000	50,000
移住朝鮮人	85,000	0	85,000
合　　計	758,000	381,000	1,139,000

典拠：企画院「昭和十四年度労務動員実施計画綱領(案)」1939年6月20日.

朝鮮総督府も難色を示していた。朝鮮農村に滞留している「過剰人口」の生活問題を解決し、渡日抑制という民族差別への朝鮮民衆の不満を解消する契機となりうることを考えれば、日本内地への労働者の送出という政策は朝鮮総督府にとってもメリットはあった。だが朝鮮北部開発の労働力確保のために、大量の朝鮮人労働者の日本内地への送出は避けなくてはならなかったのである。また送出した朝鮮人を主として炭鉱労働者として使用することに対しても、朝鮮総督府は不満を持っていたらしきことも報道されている。これは炭鉱の労務管理にいぜんとして懸念を抱いていたためであろう。

官僚だけでなく民間においても朝鮮人導入について否定的な意見があったことも注目される。『東洋経済新報』一九三九年五月二七日号は「朝鮮人労働者移入問題　将来永遠の立場より見て極めて慎重なるを要する」と題する社論を掲げた。これは、すでに日本内地に住む朝鮮人数は同化しうる量ではないこと(この論説は一九三七年時点で七三万人、大阪府で人口の五％であるといった数字をあげている)、平時に戻った際の失業問題が予想されること、「日本国家にとつて、果して彼等が健全なる構成分子と言へるかどうかも疑問」であるとして、安易に朝鮮人労働者導入を進めるべきではないと主張する内容のものであった。

しかし朝鮮人労働者の送出／導入への消極論は、日本内地の炭鉱等での労働力不足の現実の前に押しきられ、動員計画の策定の最終段階では具体的な数字をめぐる折衝が焦点となった。

その結果、前述のように八万五〇〇〇人という数字が決定されたのである。ただしこの数字は日本内地側が必要とする人数を朝鮮総督府側が約束させられたもので、緻密な調査に基づいて算出されたものではなかった。その点を関係省庁の官僚はある座談会で次のように語っている。

……朝鮮の方に於きましては、至つて労務機関、労務統計と云ふものが不備でありまして、果して鮮人にどれだけ労働余力があるか、給源があるかと云ふことが適確には分かって居らぬのであります。それにも拘らず、内地の方が相当必要だと云ふので、本年に於きましては、八万五〇〇〇人と云ふものをお送りすると云ふことに約束したのであります。けれども是は鮮内の必要度を計画的に定めて、それから弾き出した数ではない……(「半島労務者問題座談会」『産業福利』一九四〇年三月号)。

渡日規制の強化

以上のようにして、朝鮮側と日本内地側の当局者は、朝鮮からの日本内地への動員を決定した。これを受けて両者は、具体的にそれを遂行するために取るべき政策的措置や細部の手続きの確認などを進めた。

まず、行われたのは渡日規制の維持と統制強化の施策であった。こうした当局の態度はやや理解しにくいかもしれない。日本内地側が人手不足で悩んでいるのに朝鮮人労働者の移動を隔てる規制が強められることは矛盾のようにも見える。しかしこれは矛盾でも何でもない。日本内地側の産業界・行政当局が行おうとしていたのは、必要な労働力を必要な場所に配置するということである。その実現のためには、朝鮮人が自由に日本内地に流入して勝手に希望する職に就くことはあってはならないことだった。

したがって、労務動員計画ではない個別の朝鮮人の渡日(これを「縁故渡航」と称した)については完全に禁止はされなかったが渡航証明書の取得は引続き必要とされた。そして一九三四年の朝鮮人渡日抑制の閣議決定に変更はなく、実際に渡航証明書を得られずに渡日を阻止される朝鮮人は労務動員開始後も多数に上った。

同時に、渡航証明書を持たない朝鮮人が漁船等を利用して日本内地に向かう「密航」(この語は日本帝国臣民たる朝鮮人の日本帝国内での移動を制限する法令が存在しなかったので適切とは言えない語であるが、当時一般的に使われており、実際に存在した取締りをかいくぐって行われたというニュアンスをよく伝えているので、この語を用いる)に対する警戒が強められた。

これは小船を利用した移動が危険であり、悪質なブローカーから保護しなければならないことをうたっての政策であったが、その目的には朝鮮人自身の希望による〝自由な〟日本内地の労働現場への就労の阻止があったと見るべきであろう。軍需景気に引続く日中戦争開始に伴う軍需生産拡大の中で、好条件の就業先があることは朝鮮内の朝鮮人にも伝わり、一九三〇年代末以降の密航は東京や大阪などの大都市を目的地とするケースが増えていた。そうした密航を放置するならば、労務動員計画で必要とされている、待遇の劣る炭鉱へ就労する朝鮮人の確保が困難となる可能性があったのである。具体的な措置としては、朝鮮総督府による密航の危険性を訴える啓発運動の実施のほか、密航ブローカーの一斉検挙、さらには漁船を利用しての日本内地への移動を禁止する規則を制定しての取締りが行われている。

「募集」とその手続き

労務動員計画に計上された朝鮮人の確保と送出、受入れをどのように進めるかについては、朝鮮総督府と日本内地側当局との間で「朝鮮人労働者内地移住に関する方針」および「朝鮮人労働者募集並渡航取扱要綱」が確認された。そこに記された「募集」と呼ばれる方法によって朝鮮における労務動員は開始されることになる。これは次のように行われるべきであるとされていた。

まず、朝鮮で集めた労働者を使用しようとする日本内地の事業者は、管轄の職業紹介所を通じて地方長官に、その理由や雇入れようとする人数等を記した申請書類を提出する。それを審査した道府県は厚生省との稟議の上、朝鮮総督府側に書類を送る。朝鮮総督府側で支障なしと認めた場合、募集予定地の道と連絡の上で許可し募集にあたらせる。募集人は確保した労働者について名簿を作成し募集地の警察署長に提出、警察署長が問題なしと認定した者について日本内地に移動させる。その際には個別の渡航証明書は不要とするが、移動は雇用主またはその代理人の引率のもとで集団的に行い、乗船地の所轄警察署に届出て査証を受ける。そして日本内地の就業地に到着後は管轄の協和会(朝鮮人管理組織、後述)や警察署、職業紹介所等に報告、朝鮮人労働者はこれら団体の幹部や職員の指示にも服しながら就労する。

以上を見れば、募集(以下、本書で単に募集と言う場合は、朝鮮における労務動員の方法としての募集を指す)において行政当局が担当するのは主に書類の審査に基づく許認可であり、その実行主体となるのは事業主となっている。現実の募集では、後に述べるように地方行政機構職員や警官もそれに関与する実態があったのだが、文言上でこのように規定していたのはなぜであろうか。この点は、当時の朝鮮には農村に生活困難で他地域での就労を望む人びとがある程度いると考えられていたこととともに、専門的な労務需給調整の行政機構が不在であり、かといって邑や面にもそう多くの職員がいなかったことが関係していたと見て間違いないだろう。また、そもそも前述のように、朝鮮においては適切な労務配置のために行政が果すべきことについての基本的な法律である職業紹介法が施行されていなかったのである。

なお、職業紹介法に代わって募集の手続きや問題となる行為の取締りの根拠となっていたのは、この段階では朝鮮総督府の府令である労働者募集取締規則であった。しかしもともとこの規則は労務動員に即応して作られたものではなかった。この規則が出されたのは一九一八年であり、その主な目的は第一次世界大戦時の好況期に盛んに行われた、日本内地の企業による朝鮮での人集めのなかで詐欺的行為等を防止することにあった。そのために、さまざまな手続きの受理等や行政処分の判断を行う主体はこの府令では警察となっていた。朝鮮総督府における本来の労務行政の担当は警察(警務局)とは別の内務局社会課のはずであり、これは業務の系統として変則的なことであった。また、一九一八年制定の古い府令(しかも一九二〇年代以降の日本内地の景気低迷の中で企業による大規模な就業の勧誘は行われなくなり、この規則はほとんど存在価値を失っていた)を引っぱり出してきたことは、準備が整わないままに朝鮮の労務動員がスタートしようとしていたことを示している。

玉虫色の合意

前記の方針と要綱は、このほかにも「朝鮮人集団移入」の実施にあたって注意すべき点等が記されていた。そこには実現困難であったり、曖昧さを残していずれによるべきか不明であったりする事項が含まれていた。これは日本内地当局と朝鮮総督府の双方の思惑の違いがそのままに残されたためである。

まず、送出されるべき朝鮮人は思想堅実、身元確実、身体強健であるほか、なるべく「国語」(日本語)を理解する人物とされていた。日本内地側としては日本語を理解する朝鮮人を使用したいというのは当然のことであっただろう。だが日本語を理解する朝鮮人はこの時点では少数である。しかも日本内地の炭鉱等への就労希望者は生活困窮者、したがって就学経験もない朝鮮人のなかから探さなければならなかったはずである。このような事情はもちろん日本内地側も知悉していたと見られ、「要綱」においては日本内地に到着した朝鮮人労働者がなるべく早く「国語」に習熟するべきことが記されていた。

また、導入される労働者のいわば在留期間をどうするかについては解釈の幅を残すようなものとなっていた。「方針」では「朝鮮人労働者は、産業の種類及性質に依り無期限移住者と期限付移住者の二種とする」とし、同時に事業の縮小又は中止の際には朝鮮人の転職斡旋や帰郷奨励等を進めることも記していた。やってきた朝鮮人が定着することを嫌う日本内地側当局としては、あくまで朝鮮人は一時的に活用するものであり、期限付で必要がなくなれば帰郷させるつもりでいたと見られる。これに対して、農業経営では生計が維持できない者を朝鮮農村以外の地域に移動させることを構想していた朝鮮総督府側は、無期限の日本内地移住の政策を望んでいたのであろう。

この点については家族の扱いも関連している。労務動員計画に基づいて日本内地に渡った朝鮮人は訓練期間(三カ月)の終了後、家族呼寄せの申請が可能であり、当局は迅速に渡航証明書を発給して渡航させるとしていた。しかし朝鮮人を受入れた個別企業側が住宅その他の準備等を進めなければ、家族呼寄せは現実味をもたない。だが、その点についての施策は「方針」や「要綱」にはなんら記されていなかったのである。

協和会の整備

ただし、日本内地側当局は新たにやってくる朝鮮人労働者の受入れによってさまざまなトラブルが起こり得ることを想定し、労務動員実施以前からその対策を準備していた。そのための組織として整備されつつあったのが、朝鮮人管理のための組織である協和会であった。

日本内地に住む朝鮮人の同化や民族的葛藤の回避の問題は、それ以前から一部当局者の間で課題として認識されていた。そして、総力戦への準備が語られるようになっていた一九三〇年代半ばには、官主導での朝鮮人の指導が本格化した。これは協和会等の名称で作られた団体に、それまであった自主的な朝鮮人の活動を抑圧しつつ朝鮮人を組み込み、そのもとで生活習慣の同化や日本語の教授、日本国家への忠誠を尽くすべきことの教化等が実施されるようになったのである。指導の中心に当たったのは警察官であり、したがって抗日意識をもつ人びとの活動の監視も重要な任務となっていた。

日中戦争開始以後には、こうした事業はより重要性を増し、全国的な組織整備が国家の施策として進められていた。そして一九三九年六月、厚生省管轄の財団法人として中央協和会が発足、各道府県(朝鮮人人口が少なかった沖縄県を除く)と樺太庁の下部組織の整備も完了したのである。こうして整備された協和会に、以後、労務動員されて日本内地にやってくる朝鮮人は強制加入させられた。しかも厚生省管轄の団体となったと言っても、協和会の運営には引続き警察が関与していた。要するに職場での労使紛争も含めて朝鮮人が何か問題を引き起こした場合にはいつでも弾圧しうる体制が築かれたのである。

朝鮮職業紹介令

以上のように各種の機構や制度の整備を受けて、日本内地への「朝鮮人集団移入」は一九三九年九月に開始された。しかし、前述のようにこれは労働者募集取締規則を根拠とする募集によって行われ、職業紹介所が中心的役割を果たさない変則的な方法によっていた。

こうした機構と法令の未整備に対しては労務動員開始後に少々、立て直しが企図された。まず一九四〇年一月、朝鮮職業紹介令と同施行規則が施行された。朝鮮職業紹介令は日本内地の職業紹介法のいわば朝鮮版というべき法令であり、政府が「労務の適性なる配置を図る為」本令によって職業紹介事業を管掌することをうたっていた(第一条)。ただし職業紹介法と異なり、職業紹介の業務を朝鮮で行うのは、職業紹介を専門的に行う国の行政機構に限定されなかった。府邑面も朝鮮総督府の定むるところにより職業紹介を行いうることとなっていた(第三条)。また、朝鮮職業紹介令施行規則は、朝鮮総督の許可を受けて行う労働者募集についての手続きや禁止事項、罰則に関する内容が盛り込まれており、その施行を受けて労働者募集取締規則は廃止された。そして朝鮮職業紹介令の施行を受けて、朝鮮内の労働者募集にかかわる事務の担当は警察ではない部局(朝鮮総督府本府では内務局、道レベルでは社会課)が管轄することになった。とは言え、募集地の警察署への募集開始や労働者を引率しての出発の際の届出等は引続き義務づけられていた。

これとともに一九四〇年一月には勅令で朝鮮職業紹介所官制が発せられ、一部の公立職業紹介所が国営に移管した。しかし国営の朝鮮総督府職業紹介所は京城など六カ所しかなく、職員数それぞれにおいては所長のほか事務官二名、書記二六人、したがって朝鮮全体でも一七四人という体制にすぎなかった。前述のように府邑面が職業紹介所を設置することも可能であったが、実際にそれが行われたケースは確認できない。

それゆえこれ以降も朝鮮の労務動員は職業紹介所を中心に進められることはなかった。国営の朝鮮総督府職業紹介所がある府においてはその管轄の地域の動員行政は職業紹介所が行ったが、それ以外の地域では引続き、一般の地方行政機構、すなわち府邑面がそれを担当したのである。なお、国家総動員法に基づく労働関連の勅令では、朝鮮については職業紹介所長が行う任務を府邑面の長(府尹、邑長、面長)が代行しうることが規定されていた。

4　労働者確保と処遇の実態

職業紹介と統制

戦時下の労務動員と言った時にたいがいの人がイメージするのは、一片の紙によって伝達された国の命令によって、いきなりそれまでの仕事とは関係のない軍需工場等の職場に配置されるといったことであろう。もちろんそのような事例がないわけではない。国民徴用令に基づく徴用はそのようなものである。

しかし個人の自由や生活を奪って特定の職場に就かせる徴用という手段は国家の責任を伴うし、事務手続きもそう単純ではない。戦争にかかわる生産を行っている事業所に必要な労働者を配置するという政策の目的がほかの手段で実現できるとすれば、それに越したことはない。それゆえ徴用はそう簡単に用いられたわけではなかったのである。法令の条文でも徴用は例外的な手段と位置づけられていた。国民徴用令第二条は「徴用は特別の事由ある場合の外職業紹介所の職業紹介其の他の募集の方法に依り所要の人員を得られざる場合に限り之を行ふものとす」としていたし、徴用の対象となる国民登録は特定の技術者のみが行うものだった。

しかも労務動員が実行に移された時点では減少していたとはいえ、まだ十数万人の失業者も存在していたし、今後、戦争中心の生産への移行に伴い、「平和産業」の職場を離れざるを得ない者の発生も見込まれていた。そしてもちろん、毎年の新規学校卒業者も多数いた。こうしたことから、動員実施の初年度である一九三九年度における動員計画のための労働者の確保のうち、行政当局が関係するものは、主には国営職業紹介所による職業紹介によって行われていた。この年度の徴用実施は八五〇人のみで、これは陸軍の雇用にかかわるものであった。また、職業紹介所を通さないで、つまり個人的な伝手《つて》をたどって軍需産業等の工場に就職し、結果として労務動員計画で計上されていた新規需要を埋めたケースも相当多い。

ただし、この時点で目立った政策が何も行われなかったわけではない。政府による労働市場への間接的介入は始まっていた。すでに労務動員計画の閣議決定前に、学校卒業者使用制限令と従業員雇入制限令が施行されており、これに基づく統制は実施されていたのである。前者は鉱工業の技術・知識をもつ新規学卒者の雇用、後者は熟練工や技術者の職場移動について認可を義務づけたものであった。また、一九四〇年二月には新規就労予定者の不急産業への流出を抑制する目的をもつ青少年雇入制限令が施行された。

これらの法令は朝鮮でも、——若干の時期的遅れを伴ったものもあるが——施行された。もっとも朝鮮では都市に求職者が滞留しているわけではなく、鉱工業の技術や知識を習得した新規学卒者も少数である。動員計画が朝鮮に求めていたのは農村の「過剰人口」を不熟練労働者として活用することであった。その点を考慮するならば、この段階で出された労務統制の諸法令は日本内地のような大きな意味はもたなかったと見るべきであろう。

地域社会の連絡委員

動員計画に計上された労働者を確保するため、日本内地では職業紹介所が地域社会の協力が構想されていた。職業紹介法第四条の2は職業紹介所の業務を補助するための連絡委員を置くことを記していたのである。

この連絡委員は、労務給源の開拓、すなわち計画通りの充足を実現するため、まわってきた求人について適当な人物が応じるように進める等、職業紹介所の業務に協力することが期待されていた。その任命は地方長官(各道府県知事)によって行われ、無給ではあったが活動にかかわる費用の一部は国庫から支出された。連絡委員となったのは町内会や部落会の職員や方面委員、司法保護委員、青年団の幹部などであり、地域社会の実情をよく知り一定の影響力を持つ人びとであった。この段階の連絡委員については、名誉職の色彩が強く実質的な機能は果たしていなかったとする評価もあるが、地域社会の状況を把握する立場にあった民間人を国家の費用負担で労務動員に協力させる体制が築かれたことは確かである。

日本内地の職業紹介所についてはこれ以外に、職業紹介法の規定にはない、労務補導員がその業務を補助した。労務補導員は半官半民の団体である財団法人職業協会が任命するもので、企業の関係者から選ばれた。彼らは職業紹介所の統制を乱すようなこともしたと言われるが、その活動自体は「見るべきものある」と評価されていた。この評価はおそらくは個別企業の利益を優先しながら労働者の確保に力を発揮したためであろう。しかし一方で、地域社会に密着した存在である連絡委員が労務統制にかかわる役目を担わされていたことを考えれば、地域社会の秩序を乱したり、その地域の経済に打撃を与えたりするような行為までは許されなかったと推測される。

だが、朝鮮においてはこのような体制は確立されなかった。前述したように、朝鮮では専門的な労務需給の行政機構＝職業紹介所の体制が貧弱であり、大部分の地域では一般地方行政機構の府邑面が労務動員にかかわる事務を遂行していた。その場合も求人求職を役場で受け付けるというわけではなく、個別企業が朝鮮総督府から許可を得て、地域社会に入っていって募集を行うという方法によって動員計画の割当を充足しようとしていたのである。

しかも日本内地と異なり、朝鮮の労務配置行政の基本法令である朝鮮職業紹介令は連絡委員の制度の規定を欠いていた。このことはその地域の秩序や経済についてあまり考えずに、企業の関係者がほしいままに労働者の確保を進めようとしても歯止めをかける仕組みが不在であることを意味していた。面長はたいがい朝鮮人であり、地主などその地域に一定の影響力をもつ者であったケースがあったが、当時の朝鮮ではむしろ駐在所の巡査のほうが権力をもっていると見なされるような実情が存在したのである。

低い充足率

では朝鮮における労働者確保の実情はどのようであったのだろうか。この点については、近年の歴史研究では、少なくとも一九三九年度に関しては積極的に募集に応じようとする朝鮮人が多数いたことに着目する傾向がある。これはこの年、朝鮮南部――「過剰人口」が滞留しているとされていた地域である――が未曽有の旱害に見舞われ、多くの離村希望者が出現していたことと関連づけた議論である。

そうした事実は否定できないが、ではこの年度の朝鮮から日本内地への労働者送出が順調に遂行されたかと言えばそうではない。これは計画の数字と実際の労働者配置数を見れば明白である。前述のように計画ではこの年度に八万五〇〇〇人を日本内地・樺太に送り出すことになっていたが、実際の配置は三万八七〇〇人にとどまっていたのである。もっとも、この年度は朝鮮総督府の募集承認数自体も五万八一三四人と計画数をかなり下回っていた。これは動員計画の閣議決定が七月であり、実際に計画に基づく事務手続き開始から年度末まで七カ月しかなかったという制約が影響したものであろう(これ以外に、日本内地側の企業自体も朝鮮人導入についての準備ができていなかったり、躊躇があったりしたかもしれないが)。いずれにせよ、計画数に対する充足率は四五・五%、募集承認数に対する充足率を見ても六六・六%にすぎなかった。この数字は、充足率が確認できるこれ以降の年度と比べても格段に低い。

ではなぜ、旱害による多数の離村希望者の存在という条件があったなかで、計画通りの労働者送出ができなかったのだろうか。これは主に朝鮮の地方行政機構の事務に対する習熟度や、企業の行う募集に対する協力・配慮がこの段階では十分ではなかったことと関係している。この点は、大手炭鉱の労務担当の職員が戦時期に記した書籍(前田一『特殊労務者の労務管理』山海堂出版部、一九四三年)の次のような記述から裏づけられる。

当初に於ては数多の業者が同一募集地域に進出するため其処に競合関係を生じたり、総じて短時間に大量の人間を供出しなければならぬ関係や今次募集の目的精神、手続方法等が充分に鮮内地方庁に徹底してゐなかつた憾があり、募集上に各業者が遭遇した困難障碍の度は予想以上のものがあり、初期に於ける募集成績はいづれも香しくなかつた様である。

殊に募集と並んで楯の半面をなす輸送の問題は当初より非常に懸念されたところであったが、果して短時日に準備を要する地方バスの比立、鉄道に対する乗車申込、各乗船地に於ける労務者の渡航査証、税関検査等の事務はさなきだに輸送機関の混雑輻輳の折柄実に名状すべからざる困難が伴ったのである。

右のような説明は、いったん書類上の手続きを終えて末端行政当局者や地域社会に影響力を持つ駐在所の警官の協力を取りつけたならば、この段階では労働者の確保自体はそう困難ではなかったということでもある。というより、これらの人びとが企業関係者と一緒についてまわるレベルの協力がないかぎり、いくら耕すべき満足な土地を持たない生活困窮者が多数いたとしても労働者の確保は難しい。新聞に広告を載せても、ラジオで宣伝を行ったとしても、それは大部分の農民には届かない。あるいは面事務所が形式的に日本内地の炭鉱の求人情報を掲示板に貼りつけても字を読めない農民にはまったく意味がなかったし、面役場からそれぞれの集落の中心に向かう道路すらも日本内地からやって来た企業関係者は知らなかったであろう。

旱害罹災者の応募

実際に朝鮮に募集にやってきた炭鉱の職員らの重要な仕事の一つが役場と警察の協力を取り

付けることであったことは、彼らの当時の出張記録にも書かれているし、戦後においても証言されている。駐在所の巡査に頭を下げ、面事務所の偉い人にも頼み込みながら募集を始めたという炭鉱職員は、一九三九年度の場合は、相当に応募者がいたことを次のように回想している（北海道立労働科学研究所『石炭鉱業の鉱員充足事情の変遷』一九五八年、なお原文中、昭和一三年＝一九三八年という文言があるが、この時点では朝鮮での募集は許可されておらず旱魃も起こっていなかったので昭和一四年＝一九三九年が正しい）。

最初（昭和一三年）はかつてない大旱魃の後だつたんです。木の根、草の根を食べている状況だつたものですから、最初の村へ行つたときには救いの神があらわれたというわけで、一つの村に一〇人〔の割当〕というのが二〇〇人位集つて、もう断るにも大変だつた。……まるで市場でも立つように人が集つてくるんですね。

なお、朝鮮総督府としてもなるべく旱害の罹災民を動員する方針を確認しており、実際に「応募者殺到」との報告が提出されていた。

このように旱害罹災者の間では、他産業よりも労働条件の見劣りする炭鉱の募集であっても応じようとする者が相当数いたことが確認できる。しかし動員計画への応募ではなく別ルート

＝縁故渡航で（つまりこれまで同様に自分で渡航証明書の発給を受けて）、日本に渡ろうとする朝鮮人の場合には、炭鉱等への就労の希望はそう多くはなかった。一九三九年九月〜一二月までの縁故渡航での渡日者の産業別内訳を見れば、工場（平和産業）が四九・九％でもっとも多く、以下、土木建築二四・〇％、工場（時局産業）一八・六％と続き、炭鉱・鉱山はもっとも少なく七・六％しか占めていなかったのである。

そして縁故渡航の渡日労働者は、動員計画が実施に移された一九三九年九月以降、はっきりと減少していた。一九三九年中全体の縁故渡航の渡日労働者数は六万四〇三四人（推算。一九三〇年代半ばに三万人台であったことを考えると増加しているが、これは旱害の影響を受けたものと見られる）であるが、このうち九月〜一二月の合計は一万三六三一人となっていたのである。戦争遂行のための動員と無関係の、朝鮮人による生活戦略的移動は極力抑えられたのである。しかし、それをかいくぐって日本内地に移動しようとする人びとの密航が行われ、その取締りも強化されるようになっていたことは前述のとおりである。

もっともそのようななかでも、当局の政策を逆手にとって日本内地に移動しようとする朝鮮人の動きもあった。最初から逃亡を予定して動員計画の募集に応じるケースがあることが当時から問題となっていたのである。

逃亡防止の監視

もちろん、最初から逃亡を予定した動員への「便乗」は、ある程度日本内地の事情に通じた者でなければ行い得ない。だが、それ以外の朝鮮人の間でも、動員された配置先からの逃亡は多発することとなる。

その背景には、やはり炭鉱労働自体への忌避や配置先の労務管理の劣悪さがあったと見られる。しかも、募集段階で提示された条件と実際とが異なっていたというケースもある(それが原因で労使の紛争がしばしば起こったことは後述)。

しかも、当時の日本内地には炭鉱よりも好条件で金を稼げる職場が存在していたし、人手不足のなかで、ほかの事業所から労働者を逃走させて引き抜くことすら一部で行われていた。しかも、労務動員開始以前に渡日し長く日本内地に住む朝鮮人で、土建の飯場を経営するようになっていた人びとはそう珍しくなくなっていた。運よくそこにたどり着ければ、労務動員での配置先の事業所から逃走してきた朝鮮人は、同胞の労働者に囲まれて日本内地での労働を続けることができたのである。

もちろん、警察当局は朝鮮人の逃走を強く警戒した。これは近隣住民とのトラブルを回避しようという目的もあっただろう。そして逃走した朝鮮人を発見した場合はもとの職場に戻すか、故郷への送還を行った。そのチェックは協和会員章の所持の有無(たいがいの場合、本人には持たせず、企業が保管していた)で行われた。だが、朝鮮人飯場頭のなかには警察当局と話をつけて逃走者の協和会員章を発給させるだけの力をもつ者もいたし、重要な工事にかかわる飯場であれば警察も逃亡者の雇用を見逃すことがあった。

以上のように動員されてきた朝鮮人の逃亡は減少する気配はなかった。このため彼らに対する監視は強められることになる。もともと、炭鉱にせよ土建工事の飯場にせよ、一部で前近代的な抑圧的な労務管理が行われていたことは周知の事実であるが、労務動員の対象者は一般の労働者と区別したより厳しい監視の対象となったのである。もちろん、すべての事業所で監獄部屋のような管理が行われていたわけではなく、動員された労働者の証言でも休日に市街地に遊びに出たといった証言も確認できる。

しかし、一九四〇年八月に行われたある財閥の企業グループの労務担当者の座談会では労務動員された朝鮮人に関して「住宅の廻りに歩哨みたいなものを立てたり、場合によつては鉄条網を張つて非常に厳重な管理を致します」との発言がなされている(日産懇話会本部『時局下に於ける労務問題座談会』一九四一年)。労務動員政策実施の初期段階から、人権無視の監視、管理が大手企業でも行われていたのである。

紛争議の多発

労務動員されて来た朝鮮人を受入れた事業場では労働争議やあるいは「内鮮人争闘事件」と官憲が呼んだ日本人と朝鮮人の衝突事件が多発した。両者を「紛争議」として調査していた特高警察によれば、その件数と参加人員数は一九三九年から一九四〇年末までにおいて三三八件、二万三三八三人を数える。参加人数は一九四〇年末時点の「移入朝鮮人労働者」数の二六・三％、つまりは四人に一人が紛争議にかかわっていたことになる。

紛争議の原因は、①募集時の労働条件と実際の労働条件との相違、②言語習慣の違いによる誤解、③坑内作業を危険視しての忌避、④安全対策や福利施設の設備要求、などであると特高警察はまとめている。単純な誤解が発展して規模の大きい衝突になったケースもあるだろうが、一般的な設備・労務管理の不十分性に加えて、作業内容や賃金や労働時間などの労働条件について十分説明せずに(場合によっては過大な期待を抱かせるような伝え方をして)募集を行ったことや、日本語の通じない異なる民族、しかも炭鉱労働の未経験者であることにきちんと配慮しないままの労務管理が、問題を引き起こしていたと推測される。また、『特高月報』に掲載された具体的な紛争議の事例では日本人労務担当職員による殴打、企業側が病気の朝鮮人労働者に制裁を加えて死に至らしめたことに同僚が抗議したとみられるものなど、暴力的な労務管理の原因となっているケースがいくつかある。

受入れ側の認識

こうして始まった朝鮮人労務動員政策は、受入れ側の事業主にどのように評価されていたのであろうか。この点については、朝鮮の新聞等で、日本内地での朝鮮人は好評である、といった報道がなされていることを確認できる。また、一九四〇年一二月に行われた関係官庁の官僚や受入れ企業関係者の座談会(『産業福利』一九四〇年三月号に「半島労務者問題座談会」として掲載)で、厚生省や商工省の官僚は「非常に成績が宜しい」「相当成績を挙げているさうであります」と述べていた。

しかし同じ座談会における受入れ企業関係者の認識はそう単純ではない。現場の実情をよく知っていることと企業経営に対する責任もあってか、「就業歩合は比較的予想外に良い」が「現在の成績を以て楽観はして居りません」(石炭鉱業連合会職員)、「動《やや》もすると付和雷同する事がある」「馴れて来れば、移動が激しくなるのではないだらうか」(北海道炭礦汽船株式会社職員)といった見方を示していたのである。

そしてこの座談会にも関係者が出席している、財団法人協調会がまとめた『戦時労働事情』(一九四四年)には、「(朝鮮人の)集団移入は昭和一四年一〇月に始まっているが……鉱業所より聞こえる声は余り香しいものでなかったことは事実である」との記述が見える。また、朝鮮人と日本人との関係を注視していた特高警察は「最近内地人事業主方面に於て彼等が時局下に於ける労務者としての適格性に対して漸く悲観的見解を為す傾向あり」との観察を示していた(『特高月報』一九四〇年一一月)。

実際に、広く一般に伝えられる媒体では語られなかったが、日本人労働者との関係においても問題が生じていた。特高警察は、川崎重工業艦船工場において朝鮮人労働者五〇〇人を受入れたが、日本人労働者は朝鮮人と食事をともにせず、相互扶助的親睦会に朝鮮人を加入させないという態度をとっていると伝えている。同じく特高警察が、北海道庁の調査として紹介している記事によれば、三菱大夕張鉱業所では、日本人の熟練労働者の間で「朝鮮人との共同作業を厭い、尚訓練期間終了後の朝鮮人と同一の待遇に不満を抱き転出する者」が増えていた。この結果、同鉱業所では総労働者数は増加したにもかかわらず出炭量が減少するという事態すら生じていた(『特高月報』一九四〇年一一月)。

以上を見れば、朝鮮人労務動員政策は、問題なしに生産力拡充や企業経営にプラスの効果を挙げたとは言いがたいことがわかる。それを要望し朝鮮人を受入れた企業側は、逃亡の防止、日本人労働者との良好な関係の維持を含む労務管理の改善など、さまざまな問題に直面していたのである。もっともそうした問題の原因は、劣悪な労働条件や日本人の差別的な認識、言語の不通や文化の理解の不足などであり、朝鮮人労働者の受入れの開始以前に対処を考えるべきものであったと言えるだろう。

第2章
「余剰」なき労働力の実情

日本内地在住朝鮮人に対する統制組織であった協和会の「会員章」. 写真は1937年に日本の炭鉱に就労した朝鮮人のものだが, 動員された朝鮮人もその所持を義務づけられ, 配置された労働現場からの逃走者の摘発に活用された(韓国政府対日抗戦期被害調査及び国外強制動員犠牲者等支援委員会提供).

1　動員の展開と矛盾の表出

「余剰労働力」の調査

労務動員が実行に移され始めた一九三九年一一月、日本内地では厚生省令による労務動態調査が実施された。この調査は全雇用主を対象に、過去半年間の労働者の職場移動や過不足の状況、見通しなどを回答させて職業紹介所が取りまとめるものであり、以後、一年に二回の実施が義務づけられた。これは動員計画策定のための基礎データの収集であり――動員が開始されてからこのような調査が実施されるのは順序が逆であるにせよ――重要かつ必要な作業であった。

しかし同様の調査は朝鮮では行われていない。農民が多数を占める朝鮮の場合、職場移動等の実態把握の必要性があまりなかったと見ることもできるが、同じ条件にある台湾では調査が行われている。したがって朝鮮での未実施の理由は別なところにあるだろう。日本語理解率の差や調査を遂行するマンパワーの不足が関係していると推測される。

ただしこれより遅れて一九四〇年三月、朝鮮総督府は労務資源調査の実施を指示した。これは朝鮮全土の各面について五名程度の調査員を配置、経営規模が「理想耕作面積」未満の農家(これを「過剰農家」と呼んだ)を調査して「労働出稼及労働転業可能者」および「労働出稼及労働転業希望者」の数を調べたものである。「可能者」の認定は「年齢二〇歳以上四五歳未満のものにして健康状態普通以上のもの」、女子では「年齢一二歳以上二〇歳未満のものにして健康状態普通以上のもの」であり、そのうち、一九四〇年度中に出稼ぎや転業を希望すると答えた者を「希望者」とした。なお、調査の実施は「過剰農家」すべてではなく一部抽出(その割合がわかる忠清南道の場合は一三%程度)で行われている。

だが、この調査の取りまとめも時間がかかった。本来の各道の報告提出期限は四月末日であったが、すべての道で五月以降、もっとも遅い道の場合には七月になってようやく集計表を提出していた。しかも平安北道については異常に多い可能者・希望者数を報告したため、朝鮮総督府内務局長からの指示で再集計を行っている。

このように、遅延とトラブルを伴いながらの調査取りまとめであったが――それはおそらくは、この種の調査に不慣れでかつ事務量に見合うだけの人員が確保されていなかったためであろう――全朝鮮レベルでの本格的な余剰労働力の所在調査はこれが初めてであった。調査をもとに算出された結果は、可能者数一一六万一九七人、希望者数二六万一一六二人、このうち男子はそれぞれ九二万七五三六人、二四万七二〇〇人であった。

表3　1940年度労務動員計画における「一般労務者新規需要数」（日本内地）

（人）

	男	女	合　計
軍需産業	207,000	51,000	258,000
生産力拡充計画産業	139,000	7,000	146,000
上記の附帯産業	51,000	7,000	58,000
輸出及必需品産業	34,000	63,000	97,000
運輸通信業	109,000	8,000	117,000
土木建築業	14,000	1,000	15,000
小　計	554,000	137,000	691,000
減耗補充所要数	228,000	141,000	369,000
合　計	782,000	278,000	1,060,000
農業従事者減少に対する補充所要数	154,000	162,000	316,000

典拠：企画院第三部「昭和十五年度労務動員実施計画綱領（案）」1940年7月13日.

本格化する動員行政

こうした調査を受けて（朝鮮では間に合わなかったが）一九四〇年度の動員計画の策定が進められた。七月に閣議決定された動員計画は、日本内地関係の需要一〇六万人、給源一二二万四〇〇〇人と前年並みのものであり、需要の産業別と給源の種類別の項目とその比率もそう大きな変化はなかった。朝鮮半島から日本内地に移動させる労働者数は前年より若干増えて八万八〇〇〇人とされている（表3・4）。

ただしこの年度の動員計画では、前年度になかった農業従事者減少に対する補充三一万六〇〇〇人が別枠で計上されていた。これは日本内地の農業生産のための労働力維持が問題化していたことを示している。

なお、この年の動員計画については朝鮮内の労務需給計画についてもわかる（表5・6）。それによれば需要は四二万五四〇〇人で、このうちには日本内地移住八万八八〇〇人、樺太移住八五〇〇人、満洲開拓民三万人が含まれている。同じ数となっている給源では、その半数以上の二五万人が農村からの供出可能者である。その他は女子無業者、農村以外からの供出可能者、新規学校卒業者などが多い。ただしこれらの項目は在朝日本人を含めているはずである。

これをもとにした労務調整は日本内地では前年同様、主に職業紹介所を通じて実施された。この年度の徴用実施は労働省編纂の『労働行政史』第一巻(一九六一年)によれば二二万一〇八五人となっており、国家の直接的命令による動員が本格化したといえる。ただし、この時点での徴用は陸海軍の雇用にかかわるものに限定されており、おそらくは動員計画とは別枠のケースを

表4　1940年度労務動員計画における「一般労務者給源別供給目標数」(日本内地)

(人)

	男	女	合　計
農業以外に対する供給 新規小学校卒業者	256,000	167,000	423,000
新規中等学校卒業者	32,000	10,000	42,000
物資動員関係等離職者	174,000	44,000	218,000
農村以外未就業者(手助を含む)	35,000	12,000	47,000
農村未就業者(手助を含む)及農業従事者	122,000	80,000	202,000
労務節減可能なる業務の従事者	145,000	19,000	164,000
女子無業者	0	40,000	40,000
移住朝鮮労務者	88,000	0	88,000
合　計	852,000	372,000	1,224,000
農業に対する供給 新規小学校卒業者	154,000	162,000	316,000

典拠：企画院第三部「昭和十五年度労務動員実施計画綱領(案)」1940年7月13日.

多く含む。なお暦年の一九四〇年についての統計は、米国戦略爆撃調査団が戦後に日本政府の資料をもとにまとめた調査報告(J・B・コーヘン著・大内兵衛訳『戦時戦後の日本経済』岩波書店、一九五〇～一九五一年)において「新規徴用」が五万二六九二人であると記載されている。

表5　1940年度労務動員計画における「一般労務者新規需要数」(朝鮮)

(人)

	男	女	合　計
軍需産業	9,200	1,900	11,100
生産力拡充計画産業	84,700	2,100	86,800
生産力拡充産業附帯産業	32,400	800	33,200
輸出及必需品産業	1,000	500	1,500
運輸通信業	14,600	700	15,300
減耗補充要員数	96,700	53,500	150,200
内地移住数	88,800	0	88,800
樺太移住数	8,500	0	8,500
満洲開拓民	20,000	10,000	30,000
合　計	355,900	69,500	425,400

典拠：企画院第三部「昭和十五年度労務動員実施計画綱領(案)」1940年7月13日.

表6　1940年度労務動員計画における「一般労務者給源別供給目標数」(朝鮮)

(人)

	男	女	合　計
新規学校卒業者	42,100	14,600	56,700
物資動員関係等離職者	7,200	0	7,200
農村以外よりの供出可能者	56,600	0	56,600
農村よりの供出可能者	250,000	0	250,000
女子無業者	0	54,900	54,900
合　計	355,900	69,500	425,400

典拠：企画院第三部「昭和十五年度労務動員実施計画綱領(案)」1940年7月13日.

そして、そもそもこの年度の動員計画の男子の需要数は、前述の『労働行政史』ないし米国戦略爆撃調査団報告書の徴用の数字を大きく上回っている。これらの諸点をふまえれば、この段階でも動員計画関係の労働者の確保は、職業紹介所を通じた就職や縁故による採用、新聞広告等を見ての応募などが中心であったことがわかる。

朝鮮農村労働力の実情

朝鮮農村では、前述の調査を通じて実際に多くの出稼ぎ・転業希望者の存在が確認された。そのうちの男子の数は二四万七二〇人である。これに対して、朝鮮におけるこの年度の動員計画で予定していた農村からの供給数(すべて男子)は二五万人であった。したがって、出稼ぎ・転業希望者よりも需要が一万人ほど上回っていたのである。

付言すれば兵力としての朝鮮人の動員も数は少ないがすでに行われていた。一九三八年度からの陸軍特別志願兵令施行により朝鮮総督府陸軍兵志願者訓練所の六カ月の訓練を受けた者のうち、一部が入営していたのである。その数は一九三八年度が三〇〇人、一九三九年度が六〇〇人であったが、この年には三〇〇〇人に増加していた。このほか、動員計画とは別枠の軍要員としての六七一人の動員がこの年度に行われたことを示す史料もある。したがって、労働力豊富と言われていた朝鮮農村であるが、実際にはこの時点でもすでに少々無理をしなければ計画通りの動員は不可能だったのである。

そして、無理を少なく抑えるためには次の二つの条件が必要であった。その一つは、動員計画以外の朝鮮人自身のネットワークと判断に基づく生活戦略的移動――もちろん動員計画で提示される炭鉱などよりも有利な条件で働ける場所への――をゼロとすることである。そしてもう一つは、行政当局や募集のために来た企業関係者が出稼ぎ・転業希望者の所在を完全に把握することである。

前者の条件について見ればその実現は不可能なことであった。もっとも日本内地への縁故渡航は強く制限されたようであり、一九四〇年は前年の半分程度となっていた。とはいえその数は三万二八八五人(推算)を数えている。また、密航を行い摘発されずに日本内地での就労に成功した朝鮮人も相当数いるはずである。その数は不明であるが、密航で警察に摘発された朝鮮人数が前年より減少はしていたものの五八八五人であったことを考えれば、そう少なくはないであろう。もちろんこのほかに、動員計画の枠外で、京城府等朝鮮内への都市への移動や満州への移動を行う朝鮮農民も存在した。

後者の条件の実現も望みようがなかった。労務資源調査の対象となったのは全農家の一割であったし、それをもとに希望者の所在の登録が行われたことは伝えられていない。したがって、どんな職場でもいいから村を出たいと考えているような困窮した農民の所在を外からやって来た企業関係者がすぐにつかめるはずはない。戦後の作品であるが、金達寿の小説「備忘録」には、江原道の山村で少ない土地しか耕作できず父も祖父もまだ働いており、下の弟もそろそろ働く年になっていたという男が、〝動員されるのを待っていた〟という話が出てくる。おそらく実際にそうした体験をもつ朝鮮人から聞いた話をもとにしているのであろう。

結局のところ、この年度の動員計画での需要通りの労働力を朝鮮農村から供給するには相当な無理が必要となっていた。被動員者の証言からすでにこの時期に意志とかかわりなしの暴力的な要員確保が行われていたことが確認できる。慶尚北道金泉郡出身の尹萬徳は一九四〇年六月頃(「二三歳の時、結婚して半年ぐらいたったある日」というので時期についても大きな間違いはないであろう)「日本人と朝鮮人の手先四人が土足で部屋に上がり込み、そのまま連行された」と述べている(朝鮮人強制連行真相調査団編『朝鮮人強制連行調査の記録 中部・東海編』柏書房、一九九七年)。同時代の史料にも、(日本内地への送出ではないが)動員が強制性を帯び、民衆の間で不満が生じつつあったことを述べるものがある。例えば、朝鮮の鉱山等に「斡旋」でやってきた労働者の一九四〇年中の「離散」の理由を調査した朝鮮総督府は、一〇・九%が強制募集と推定されることを認めていた(朝鮮総督府労務課調査係「朝鮮の労務者移動状況」『朝鮮労務』一九四二年五月)。また、民族運動指導者であったが、この時期には日本の国策に協力していた尹致昊は一九四〇年一二月一九日付の日記に、ある村落に割りあてられた満洲移民について、もし希望者がいなければくじ引きで選ぶ予定となっていることを書き留めていた。それに続けて彼は「日本内地は農村、工場、鉱山の労働者不足でひどく苦しんでいる。だが朝鮮自身も労働力の不足を感じ始めているのだ。どうして朝鮮において強制的移民を始めるのであろうか」(原文は英語、拙訳)と記述している。

警官と面職員の協力

計画段階での無理にもかかわらず、この年度における朝鮮からの日本内地への労働者送出は、前年度よりも活発であった。企業の募集申請に対する朝鮮総督府の承認数は七万一六九五人、配置実数は五万四九四四人で、いずれも前年度より増加していた。計画数、承認数に対する充足率もそれぞれ六二・四%、七六・六%と前年度を上回る数字となっている。

計画通りの実施とはいかなかったが、充足率の上昇をもたらしたのは警察や地方行政機構の職員らが積極的に企業の募集に協力したためであった。そしてそれはしばしば村落の朝鮮人有力者の動員への非協力ないし反対のなかで進められていた。

といっても朝鮮人有力者は待遇の悪い日本内地に朝鮮人が連れて行かれることに同情していたのではない。彼らの非協力や反対は、村落のなかの最下層の朝鮮人が相対的によい条件の日本内地の職場を選択するのを防ごうというものであった。その多くが地主であり、農業労働者を安い賃金で使用する立場にあった彼らにとっては、村落のなかで農業労働者が減少し、その賃金が高騰するのは痛手であったのである。

今日、目にすることのできる企業側の史料のなかには、そうした条件のもとで進められた日本内地行きの労働者確保の様子を伝えているものがある。そのうちの一つである、住友歌志内炭鉱によるこの年七月～八月の朝鮮での募集についての出張者の報告日誌には、地主たちの「悪宣伝」が募集の障害になっていると述べ、地元の警察、地方行政機構の協力によってそれを打開しようとしていることが記されている。警察署の高等主任が駐在所に電話をかけ、「区長に委せず自分で勧誘することと督励し」、郡庁の社会課労務係の主任が管内の各面を手分けして歩き、「予定人数が集まらぬ等と言ふ面あれば……嚇かしてやる」といっている等のことが報告されていたのである。

なお、末端行政機構の長や村落の有力者らが非協力的態度をとることはしばしば見られた事実であったようである。これは、年度末期に開かれた慶尚北道の関係事務職員打合せ会において、「邑面長、区長等に於て小乗的見地より故意に一般に周知せしめず反って募集を妨害せる事例ありたるを以て良く趣旨の徹底を図り斯ることとなきを期すること」が指示されていたことからわかる。

道会における批判

そして日本内地への労働者の送出に対する反対は、地主による農業労働者の賃金を安く抑えようという意図からのものだけではなかった。少なくとも建前としてはそれ以外の論点からの批判も朝鮮内部で広がりつつあった。これは日本内地行きの労働者を多数送りだしていた慶尚南道会(道会は道に関する重要事件の議決、意見書の提出等の権限を有する。道知事の任命する議員のほかに、間接選挙で選出される議員もいた。間接選挙は府邑面の議員——これは納税資格付きの制限選挙で選出——が行った)での議論からも確認できる。すなわち、一九四一年三月に開かれた道会である議員は次のように述べていた。

……本道に於ける労働力の不足は既に凡ゆる産業部門に亘つて現はれて居る。特に労働力の源泉とも云ふべき農村に於て総ての農業労働者の不足を愬《うった》へて居る状態であります。是は今日半島が大陸の兵站基地として負荷しつつある生産力拡充の優位性に対して断じて看過出来ぬ所であつて、殊に帝国の経済圏を通ずる食糧増産計画の中心を為す所の半島の農業生産力拡充の既定計画が農業労働者の不足に依つて支障を来すが如きことがあれば、それは単に半島のみならず我が国全体に亘つて由々しき一大事といはなければならぬと思ふのであります。

地主的利害が背景にあった可能性もあるにせよ、この発言は食糧生産基地としての役目を朝鮮に求めながら、一方でそのために必要なはずの労働力を奪っていくという日本帝国政府の矛盾を突いていた。これに対して道内務部長は現在もなお「過剰人口」が存在することを挙げて反論し、「働けるのに労働を厭つて働かないさう云ふ者がある」「咥《くわ》え煙管で傭ひ人を使つて自分は高見の見物をして居ると云ふ人が相当あるのではないか」として、「勤労精神の昂揚」を訴える答弁を行っている。しかしその上で内務部長は、「只今朝鮮全体の労力を朝鮮の問題としても総督府に於ては相当考慮され内地に於ける所の労働力不足の問題に付て真に已むを得ないものに付ても最少限度の範囲に於て内地の労務動員計画の要請に応ずると云ふことになるやうに承つて居ります。従つて本道にしても将来の労働力の供出は恐らく減少するのではないかと思ひます」とも述べていた。朝鮮総督府としても農業生産の維持、さらには朝鮮の工業化のための労働力確保の重要性は十分承知しており、言われるがまま日本内地へ労働者を送り出そうとしていたわけではなかったのである。しかし後述するように朝鮮への労働力供出の要求は増大していくことになる。

2　動員への懸念と異論

動員体制の強化

このようななかで一九四一年初頭、行政機構の再編と新たな立法による労務動員の体制強化が図られた。一月、厚生省で職業部と失業対策部を統合した職業局が発足し、そのもとに置かれた五つの課が労務動員実施にかかわる業務を担当することとなった。同じ月には日本内地の職業紹介所が国民職業指導所に再編された。国民職業指導所は、単なる職業紹介だけではなく、動員の前提となる登録や国民徴用、移動の制限等、動員計画実施にかかわる統制を行うことをその官制において明確にしていた。なお、国民職業指導所は一九四一年度には四四四ヵ所、職員数五二六六人の体制であった。

ついで三月には国民労務手帳法が公布された。これは特定の労働者に対して国民職業指導所が交付する国民労務手帳を所持させ、雇用にあたってその提出を義務づけることで労働者の所在把握と移動統制を強化しようとするものであった。国民労務手帳の所持が義務づけられた労働者の範囲はきわめて広く、女子、事務職員、臨時被用者以外のほとんどを包含することになった。同法は日本内地では七月に施行された。

朝鮮の労務動員実施体制にも若干の変化が見られた。三月に朝鮮総督府内務局社会課から労務課が分離され、動員計画のための労働者の確保や移動の制限などにかかわる事務は独立した一つの課が扱うことになったのである。しかし、地域レベルでの動員行政を担う機構の体制にはほとんど変化がなかった。朝鮮の職業紹介所は国民職業指導所に再編されなかったのである。その数自体もそう増えたわけではなく一九四一年の時点でも、ようやく各道一職業紹介所が整ったというレベルであった。したがって引続き、動員計画は府邑面が核となって担うほかなかった。だが、邑面職員数についても大幅増員は実現しておらず、この時点でも二万二三八五人、これを邑面数で割ると九・六人である。小さな面では役場に四、五人といったのが実情だっただろう。

また、国民労務手帳法は朝鮮では施行されなかった。これは雇用者が少ない朝鮮では移動統制の動員行政における比重が小さかったためばかりではない。朝鮮総督府内務局労務課の職員が語ったように、「厖大な労務手帳の交付に要する事務の繁劇、鮮内の寥々たる職業紹介所数、鮮人労務者が一般に未だ字の書けぬものが多い事等を考慮すると、朝鮮には未だ時期尚早だし、やつても効果がない」(「座談会朝鮮労務の決戦寄与力」『大陸東洋経済』一九四三年一二月一日号)という実情があったのである。

同じ年の八月、日本帝国政府は労務緊急対策要綱を閣議決定している。これは切迫した時局に対応し人的資源の最高度の活用を図るという趣旨に基づいたもので、労務配置調整の強化とそのための新たな勅令制定、労務給源確保のための職業転換の促進、国民登録制度の拡充、要員充足のための徴用制度改正、労務行政機構の整備拡充、関係各官庁の連絡緻密化などを打ち出していた。

こうした労務動員の強化の背景には、日中戦争の長期化とともに国際情勢の緊迫が関係していたと考えられる。日本帝国と英米両国との対立は次第に深まっていた。そして七月に日本軍が南部仏印進駐を実行したことを受けて、米国は石油その他の対日輸出禁止の措置をとった。日本帝国は外交交渉を続けたが、米国との戦争は不可避の状況となっていく。こうしたなかでそれまで以上の労務動員が要請されつつあったのである。

拡大する動員規模

一九四一年度の労務動員計画はそれ以前の年度より二カ月遅く、九月に閣議決定された。計画の大枠は日本内地にかかわる需要(常時要員)が二一一万二〇〇〇人、給源(この年度以降の動員計画の用語では供給)が二二一万二〇〇〇人であり、どちらも前年度の約二倍、実数で一〇〇万人程度の増加となっていた(表7・8)。さらにこのほかに短期の動員として延べ四八八一万人を日本内地で動員することが別枠で計上されていた。

項目別の内容も変化していた。軍需産業と国防土木建築業で大幅に増加していた需要を充たすべき給源では前年まで計上されていた日本内地農村からの供給がなくなっていた。新規学卒者については微増にとどまっており（その数自体が毎年ほぼ一定であるわけであり、これは当

表7　1941年度労務動員計画における「一般労務者新規需要数」（日本内地）

（人）

	男	女	合　計
軍需産業	680,000	170,000	850,000
生産拡充計画産業	133,000	10,000	143,000
上記の附帯産業	19,000	3,000	22,000
生活必需品産業	1,000	3,000	4,000
運輸通信業	97,000	10,000	107,000
国防土木建築業	153,000	4,000	157,000
小　　計	1,083,000	200,000	1,283,000
減耗補充等要員数	421,000	408,000	829,000
合　　計	1,504,000	608,000	2,112,000

典拠：企画院「昭和十六年度労務動員実施計画」1941年9月12日.

表8　1941年度労務動員計画における「一般労務者常時要員供給数」（日本内地）

（人）

	男	女	合　計
新規国民学校修了者	256,000	167,000	423,000
新規中等学校卒業者	68,000	22,000	90,000
要整理工業従事者	275,000	117,000	392,000
商業従事者	537,000	93,000	630,000
運輸通信業従事者	54,000	4,000	58,000
公務自由業従事者	67,000	6,000	73,000
家事使用人	8,000	59,000	67,000
其の他有業者	62,000	7,000	69,000
無業者	45,000	124,000	169,000
一般土木建築業従事者	135,000	25,000	160,000
移住朝鮮労務者	81,000	0	81,000
合　　計	1,588,000	624,000	2,212,000

典拠：企画院「昭和十六年度労務動員実施計画」1941年9月12日.

注：農業における純減耗の補充として新規国民学校修了者から31万人を確保するが，これについては計上しないことが原表の備考に記されている.

然である)、無業者からの供給も計上されていたが、主な給源はこれ以外に期待されていた。つまり、日本内地の非軍需産業の商工業等にすでに従事している者で転廃業する、ないしはそれを余儀なくされた人びとを給源としようとしていたのである。その数は不安定な雇用関係に

表9　1941年度労務動員計画における「一般労務者新規需要数」(朝鮮)

(人)

	男	女	合計
軍需産業	7,800	400	8,200
生産拡充計画産業	103,200	4,500	107,700
上記の附帯産業	16,400	1,700	18,100
生活必需品産業	9,000	3,300	12,300
運輸通信業	13,500	500	14,000
国防土木建築業	5,700	700	6,400
減耗補充要員数	61,700	61,200	122,900
日本内地・樺太・南洋への移住労務者	100,000	0	100,000
満洲開拓民	20,000	10,000	30,000
合計	337,300	82,300	419,600

典拠：企画院「昭和十六年度労務動員実施計画」1941年9月12日.

表10　1941年度労務動員計画における「一般労務者供給数」(朝鮮)

(人)

	男	女	合計
新規初等学校及中等学校卒業者	72,300	8,800	81,100
農村より供出可能なる者	215,300	61,400	276,700
農村以外より供出可能なる者	41,600	11,900	53,500
日本内地よりの移住労務者	8,100	200	8,300
合計	337,300	82,300	419,600

典拠：企画院「昭和十六年度労務動員実施計画」1941年9月12日.

あったはずの一般土木建築業従事者を除いた産業の合計で一二八万九〇〇〇人、この年度の給源全体の五八・三%に当たっていた。

以上のように日本内地にかかわる労務動員は、前年の二倍程度に膨張していたが、朝鮮半島についてはほぼ前年度より微減となっていた。朝鮮内の労務動員の需要と給源はともに四一万九六〇〇人となっている(表9・10)。また、朝鮮半島から日本内地へ移動すべき労働者は前年度より若干少ない八万一〇〇〇人であり、したがって日本内地関係の給源にそれが占める比率は三・七%に減少した(表8)。

ただしこれらの数字から単純に朝鮮の負担が日本内地に比べて軽減されたという分析を下すわけにはいかない。この年度の労務動員計画で注目すべきは、朝鮮にかかわる給源の項目別の内容が前年度から大きな変化がなかったことにある。つまり、日本内地ではこの段階で農村を労働力の給源とすることを止めている(もっともそれは日本内地の農民たちが近くの工場で働くことを禁止したことを意味するわけではない)。これは日本内地では農業生産維持の配慮があったと同時に、農業と軍需産業等以外の「不要不急」の産業や職種から労働力を捻出できる条件が存在していたことを示している。

これに対して朝鮮については引続き農村からの労働力の供給が求められた。その数は二七万六七〇〇〇人で前年度より二万六七〇〇〇人多い(そのうち男子が二一万五三〇〇〇人で、男子については前年度より微減)。農業人口比率が高く、したがって商工業者からの転業による給源捻出が期待できない朝鮮では、農村に給源を依存するほかなかったのである。もちろん、青年男子が兵役についていないなど、朝鮮農村の労働力が豊富と見られる根拠はあった。だが、後に見るように実際には朝鮮農村も労働力が余っているという状態ではなかったのである。

動員強化の法改正と施策

以上のような計画を実施するため、前述の労務緊急対策要綱の一部がこの後、実行に移された。一〇月には国民職業能力申告令が改正され、要登録者、つまり徴用対象となりうる者の範囲が広がった。当初、技術者等に限定され、一九四〇年一〇月には一六歳以上二〇歳未満の男子が対象となっていた登録は、一六歳以上四〇歳未満の男子と、一六歳以上二五歳未満の女子を要申告者とするものに拡大されたのである。そして一九四一年一二月には国民徴用令が改正され、徴用実施を国の行う総動員業務および政府管理工場の総動員業務のほか、工場事業場管理令に基づく指定工場(厚生大臣が指定するもので多くは民間企業の軍需工場)の雇用にかかわる労働者の確保についても行いうるようにした。

通常二年程度の長期の動員である徴用とは異なる動員を根拠づける法令も新たに出された。一九四一年一一月に公布、一二月に施行された国民勤労報国協力令がそれである。この法令は国家総動員法第五条にある総動員業務への協力を具体的に規定したものであり、学校等を単位として国民勤労報国隊を組織し、政府や地方公共団体が指定する総動員業務に当たらせるとしていた。動員期間は一年のうち三〇日以内である。

このほか一二月になると、従業者移動防止令と青少年雇入制限令を統合した労務調整令が公布されてもいる(施行は翌年一月)。これによって指定技能者、国民学校修了者と一般青壮年(一四歳以上四〇歳未満の男子と一四歳以上二五歳未満の女子)の雇入れは国民職業指導所の紹介によるか、その認可が必要となった。

日本内地の徴用増加

一九四一年度には動員計画充足の手段として、日本内地では徴用が大幅に増加した。その数は『労働行政史』によれば九二万八五六七人であり、陸海軍の直接雇用ではない管理工場への徴用も七二万三六八二人を数えた。米国戦略爆撃調査団報告で確認できる一九四一年(暦年)の新規徴用数も、前年よりかなり多い二五万八一九二人となっている。

ただし、それは家庭の事情も考慮されずに有無を言わさず徴用の命令を受け、泣く泣くそれまで就いていた仕事をやめて、やりたくもない待遇も劣る職場に配置されるといったケースばかりではなかったことに注意しておくべきであろう。そもそも炭鉱や土建工事現場のような待遇が劣悪な事業所についての徴用はこの時点では実施されていなかったし、さまざまなルートで徴用の適用からの除外を働きかけ実現することも不可能ではなかった。

徴用による動員は、通常、国民職業指導所が国民登録者のなかから充足すべき数よりも多くの者(未経験者では約三・五倍、経験者であれば四〜五倍)に出頭を命じ、そのなかで銓衡《せんこう》して決定する過程をふんで行われる。そしてこの過程で国民職業指導所の職員に対する地域の有力者による嘆願や情実の関係が影響を及ぼすことがしばしばあった。不利な職場への徴用が適用されそうな人物に対して、町内会幹部らがよりましな軍需工場等への就職・転職を勧めるといったことも行われていたし、職業紹介法に規定されていた連絡委員が特別な事情をもつ者について徴用の対象としないよう、国民職業指導所に働きかけることも可能であった。そして銓衡では身体強健な独身者、年齢若き者、扶養家族少なき者、通勤範囲内の者を優先し、個人の社会的事情に即してなるべく無理のかからないよう事情の斟酌を行っていたとされる。

朝鮮での充足率の低下

徴用が増加していた日本内地と異なり、朝鮮ではまだ徴用は実施されなかった。国民徴用令が施行されている朝鮮での徴用発動は法的に不可能ではなかったが、実際にそれを行うことが困難だったためである。まず、この時点での徴用は、陸海軍の直接雇用かあるいは軍需物資の生産を担う工場の労働者充足に対して行われていた。朝鮮人の配置先は主に炭鉱や土建工事現場であり、これとは異なる。そして、国民徴用にかかわる事務的手続き等の遂行能力を朝鮮の行政機構はもっていなかった。すでに述べたように朝鮮では国民労務手帳法の施行すら見送られていたような状況であったからである。徴用の前提となる国民登録について見ても、不十分で信頼性に欠けるものでしかなかった可能性もある。一九三九年七月時点の話であるが、国民登録の受付を始めたものの、京城府の登録数は締切り前でも「僅かに見込数の六分の一弱という不成績」であることが報道されていた(『京城日報』一九三九年七月二三日付)。

こうしたなかでも、この年度中に朝鮮人を対象とする徴用が初めて実施されたことが伝えられている。しかしこれはおそらく軍関係の雇用にかかわるもので、動員計画の枠の動員ではなかったと見られる。炭鉱や土建工事関係の労働者を充足するための朝鮮での動員計画実施は引続き、日本内地向けの動員では企業による募集、朝鮮内の事業所へは府邑面の斡旋によって行われていた。だが、労務需給の逼迫のなかで必要な人数の確保は難しくなってきていた。

この年度において存在していた、朝鮮農村で積極的に動員に応じる意志をもつ者は、①出稼ぎ・転業希望者で前年度までに動員されないままに〝動員を待っていた〟者、②何らかの理由で新たに出稼ぎ・転業を希望するようになった者、③新規に生産年齢人口に達した者、に分けられる。このうち、②についてはこの年度に急増する要素があったわけではないし、③は年間に十数万人いたとされるが、自分の故郷を離れようとする者ばかりではないだろう。①についても、さすがに前年度も出稼ぎ・転業希望者をなるべく動員しようとしたであろうから大量に存在したたと見るのは難しい。そして、行政機構の大幅な拡充があったわけではなく、したがって出稼ぎ・転業希望者の所在把握が容易ではなかったという条件はこれまでと同様である。

このような事情にもかかわらず、日本内地への朝鮮人送出に関わる朝鮮総督府の承認数は前年度より増えて七万七〇七一人となっていた。だが、実際の配置数は前年度から微減の五万三四九二人となった。計画数に対する充足率は六六・〇%と前年度を上回ったが、承認数に対する充足率は前年度より七・二ポイント低い六九・四%にとどまった(これとは別に実際の配置を五万三三二二人とする史料もある。その場合は計画数、承認数に対する充足率はそれぞれ六二・二%、六五・三%となるが、前者が前年度を若干上回り、後者が低下したことは同じである)。積極的に動員に応じようとする者が減少していたことの影響によると見て間違いないであろう。また、朝鮮内の動員についての充足率の動向は不明であるが、この時期には北部朝鮮の労働現場への配置を目的とする斡旋について、予定の人数の三分の一程度しか集まらなかったといった新聞記事が出るようになっていた。

動員すべき労働者の確保が困難となっていた朝鮮にはもう一つの問題があった。以前から懸念されていた農業生産への影響である。それは労務動員を進めれば進めるほど深刻化しかねない問題であった。

もっとも、この点に関連して朝鮮では日本内地に比して相対的に有利な条件があった。朝鮮人はこの時点では徴兵の対象とならなかったから、農業生産の主力は引続き青壮年男子であったし、日本内地に比べると地域内の鉱工業等は未発達のままで、しかも朝鮮農村には生活を成り立たせるだけの耕地をもたぬ人びとが滞留していた。

これらの事実は朝鮮の労働力はまだ余裕があるとする認識の有力な根拠であるように見られていた。そして当局者や翼賛団体幹部は、この段階で盛んに朝鮮には過剰人口が存在しており、国家のために労働力を供給することは朝鮮に課せられた重要任務だと宣伝していた。例えば、ジャーナリストで国民総力朝鮮連盟宣伝部長の肩書を有する御手洗辰雄は、半官半民の団体である朝鮮労務協会の機関誌『朝鮮労務』一九四一年一〇月号に発表した文章のなかでこれまで以上の動員が可能であると断じていた。御手洗によれば、日本内地は「最早、一寸の労力の余剰さへ持たない状態」であるのに対して、朝鮮は「大部分の労力が今尚農村に保有されてゐる状態」で「その二割や三割を供出することは極めて容易」と言うのである。その理由は「〔労働力不足を〕家族の勤労の度合に依つて補ふことが可能だから」というものであった。その上で、彼は「人口二四〇〇万の朝鮮から、三〇〇万、四〇〇万程度の労務動員は決して過大なものではない。昨今、内地へ五万、満洲へ三万、北鮮へ幾万とかいふやうな労力の計画的供出を行ふ毎に、忽ち農村労力に不足を生じ、その供出に困難を訴へるといふ状態であるが、斯の如きことは内地や独逸、その他各国の状態から推して、全く常識では考へられない」と述べていた。

だが、これとは異なる見解も朝鮮総督府の周辺に存在していた。朝鮮の農業経済に関する論考をこれ以前から発表していた中谷忠治は同じ『朝鮮労務』一九四二年二月号に「農村労力調整に関する一課題」と題して、この問題を論じていた。そこで示されている、朝鮮南部のある道に関する実地調査と人口統計からの推算に基づく結論は、農繁期においては現在でも朝鮮農村の労働力は不足しているというものであった。「六月上、中、下旬即ち麦の刈取及水稲移植は全農民をフール《ママ》に活動せしめても適期作業の完遂は困難であり、農業以外の――例へば農村又は都市の未熟練又は無技術労力の一部を動員することによつて辛うじて峠を越し得る程度であり、秋の収穫即ち一一月中は、道をあげて水稲の収穫調整と麦播きに従事しても猶且多数の不足を見る有様である」というのである(なお、水稲移植等の時期に十分な労働力が得られない場合は、「適期」をずらして移植する措置を行うが、その場合は収穫量の減少という結果を招く)。その上で中谷は次のように述べていた。「労力不足は共同作業、勤労倍加運動或は遊休労力の総動員的展開によつて充分切り抜け得ると信ずる人の群が在るが、それ等の方法によつて求められる労力に自ら限度があると云ふことと、その限度を越えた所謂過労は、目的と逆に減収をさへ来る虞のあることは深く銘記されねばならない」。回りくどい表現となっているが要するに、労働強化では労働力不足を乗り切れないし、むしろ生産減少すらもたらす、ということである。

中谷はさらに『朝鮮労務』一九四二年一〇月号に掲載された「朝鮮農村の人口排出余力の計出に関する一試論」でこの問題をより詳しく説明している。それによれば、中谷の分析は全羅北道を対象としたもので、次のような方法で年間における旬ごとの農業生産にかかわる労働の道全体の所要労働量、つまり需要と供給可能な労働量とその過不足を推算していた。

まず、労働力については年齢と性別を考慮した労働単位を設定している。これは一九〜五〇歳の男子の一人が一日働く労働量を一・〇とし、例えば同年齢の女子であれば〇・八、一七〜一八歳の男子であれば〇・九といった係数をかけて換算するものである。その上で、各旬の労働力需要については、各旬について農家におけるそれぞれの作物等に必要な作業量の平均を中谷自身の全羅北道での聴取り調査と朝鮮農会の資料のほか、日本内地の帝国農業、北海道農会等の資料を参考に割り出し、作付面積等を乗じて算出する。これに対して供給可能な労働量は全羅北道の農業人口から推算が行われている。具体的には一九三五年の国勢調査を基に、一〇〜七〇歳の男女すべてが労働する場合の労働単位は六二万五一四七労働単位であることが記されている。通常の旬＝一〇日あたりではこの一〇倍となる。

以上のような方法によって各旬の労働力需給状況の検討で導き出されたのが、農繁期には現状でも労働力は余っていないという結論だったのである。もっとも不足が著しい六月中旬の労働力需要は一〇五四万五二六八労働単位、これに対する供給可能労働量は六二五万一四七〇労働単位であるので、四二九万三七九八労働単位の不足である。実に一日当たりでも青壮年男子約四三万人の不足である。

もちろん農業労働力が不足するのは農繁期のみであって「他の季節は大部分余つて居る有様」であることも中谷は認めている。では、季節的な労働力の調整はできないのだろうか。中谷論文ではこの点についての言及はない。それはおそらく中谷の思慮が不足していたのではなく、朝鮮農村の実情を知る者にはそれがありえない話であることがあまりにも明白だったためであろう。

朝鮮の主要作物であり、日本帝国から増産を期待されていたコメの相当数は「天水田」を利用して作られていた。天水田とは、灌漑施設を利用して水を引いてくるのではなく、自然の降雨に依存する水田である。その割合はこの時期の朝鮮全体で水田面積の三〇%程度、南部各道では三〇～四〇%となっていた。こうした天水田では降雨を待ち、田に水がたまった時点で労力投下が開始されるわけであり、計画的な労働者の帰村による援農の実施は無理である。

そしてもし仮に労働者を一時的に農村に戻そうとしても、輸送の制約という大きな問題があった。この点は、都市近郊の農村で世帯員の一部が工場に通うことが相当増加しつつあった日本内地とは大きな違いが存在していた。朝鮮農民が鉱工業労働者となるケースの多くは、稲作地帯である朝鮮南部から朝鮮北部あるいは日本内地のダムや鉄道建設、軍事施設関連の土建工事現場や炭鉱・金属鉱山などに移動するというものであった。遠距離かつ広範囲に分散するこれらの人びとを農村に戻すだけの輸送の余裕はあり得るはずもなかったのである。だがその後も、当局者や翼賛団体関係者は日本内地に比べて労働力は豊富であるとの宣伝を繰り返しつつ、労務動員の遂行を進めることとなる。

異質な存在への警戒

では、朝鮮側としても余裕があるわけでないなかで、言い換えれば無理をして送出されてきた人びとは日本内地においてどのように迎え入れられたのであろうか。日本帝国の公式見解では、朝鮮人は同じ帝国臣民であり、「内地人」とともに戦争勝利のために力を尽くしている存在であった。しかも彼らは、日本人がいやがる危険で割の合わない、だが国策遂行には欠かせない石炭の採掘や重要施設建設に従事するため、わざわざ慣れない土地までやってきた人たちであった。そのことを考えれば動員された朝鮮人たちは日本人から同胞として、また感謝される存在として扱われるべきであっただろう。

しかしそのような社会的雰囲気が広がっていたという事実は確認できない。すでに述べたように、配置された職場においてトラブルが多発していた。そして、一般の日本人民衆からも温かい対応を受けたとは言いがたい。逆に彼らは警戒すべき異質な存在として扱われていた。職場では逃走防止のための監視が行われ、労務管理や居住(寮や社宅)も通常は日本人と別であった。そして近隣住民との接触も極度に限定的であった。それは、逃亡者をかくまったとか、腹をすかして寮を抜け出した者に食事を与えたといった、あってはならない事態として起こったもののほかは確認できない。

このような隔離的な扱いは、日本人住民の根拠のない不安をむしろ増幅させていた。特に日本人青年男子が軍事動員され家を空けるケースが増えているなかで、女性たちの「貞操」の問題が意識されるようにもなっていた。この時期の警察当局の史料は、朝鮮人労働者が配置された事業所の近隣の日本人住民が女性の一人歩きや夜間外出を差し控えるなど相当警戒しつつあるとの観察を伝えている。

こうした事態が国家の目指す「内鮮一体」に支障があると見なしていた日本内地側の当局は、動員された朝鮮人の家族呼寄せはできるだけ許容すべきことを指示していた。また、それにかかわる住宅資材や食糧等は優先配給する意向も示されていた。そして、女性や子ども、老人ばかりの家庭が農村に滞留することを望まない朝鮮総督府も当然それを希望していた。

ところが、家族呼寄せはあまり進まなかった。一九四一年末時点で日本内地に動員されて来ていた朝鮮人労働者のうちで家族を有する者は六万四五四〇人であったが、そのうち呼寄せを行った者は九三〇六人にとどまっていた。もちろん、帰郷を前提としているので呼寄せを行わないという朝鮮人もいただろうし、また優先配給するにしても住宅資材に限りがあったという制約もあっただろう。だが、この時点で家族呼寄せが進んでいなかった理由としては、朝鮮人を長期的に基幹的な労働力として活用することが想定されていなかったこともあるだろう。なお、動員計画に基づいて日本内地に働きにきた朝鮮人はたいがい期限付き(原則として二年)であった。労務動員について朝鮮総督府と日本内地側当局とが合意した「要綱」の文言には、「無期限」の移住もありうるかのようになっていたが、無期限の契約の事例を伝える資料や証言は確認できない。

これに関連して注目されるのは、この段階で少なくとも一部の炭鉱経営者の間では、朝鮮人労働者の導入・使用の政策への疑問の声が挙がっていたことがある。例えば炭鉱経営に携わっていたある貴族院議員は、石炭増産のためには日本人の稼働率をあげればよいのであり、そうすれば朝鮮人を入れる必要もなく、また入れることによって生じる社会的なトラブルもなくなる、と帝国議会で発言してはばからなかった。別の炭鉱会社の幹部は新聞社主催の座談会で、朝鮮人労働者の導入について「相当疑問を持つ」と明言していた。それは、逃亡率の高さという経営上のデメリットのほかに「日本の現状では北満の方にはどんどん日本人労働者を送っているが日本内地には逆に半島人が入っている、結局極端にいうと日本人と半島人を入れ替えてしまうんじゃないか」という懸念とも関連して述べられていた（『大阪朝日新聞』一九四一年二月二一日）。このような発言は、「内地人」中心の日本社会の維持を当然視し、朝鮮人の増加や定着に対する不安や忌避の意識が日本人の間に根強く存在していたことを示しているだろう。

経営合理化論からの疑問

右の貴族院議員の発言にも見られるように、この時期の日本帝国が目標としていた軍需物資や石炭等の増産を実現するための手段は、何も朝鮮人労働者の導入に限定されない。現有の日本人労働者を維持し、その力を最大限引き出すという方途こそが有効な場合もありうる。そもそも経験の少ない労働者を多数入れて、基幹的な労働まで任せるということが、長期的な視野に立った場合、企業にとって利益につながるのかどうかという問題も存在する。

軍需生産拡大が国家の至上課題となる一方で労務需給が逼迫してくると、こうした問題についての議論や研究が盛んになった。こうしたなかで労働力不足が問題となっていた石炭産業についても、専門家の分析に基づく論考が発表されていた。『社会政策時報』一九四二年三月号に掲載された岩城功「石炭鉱業に於ける生産性と労力問題」がそれである。

この論文で岩城は、一九三〇年代初めまで日本の炭鉱産業は萌芽的であれ機械化が進み、加えて熟練労働者比率が増えたなかで生産性が向上し、一部の労務管理担当者の努力によって暴力支配で労働者をまとめる飯場が労働を請負う旧弊の改善も行われていたことを指摘する。その上で一九三三年をピークに一人当たり出炭量が低下していること、機械化と生産性向上ではなく、切羽《きりは》(採炭面。したがってあちこちにそれがあることは運搬その他に支障を来たし、機械化=生産性向上を阻害する)を増やし、人力に依存した作業方法をそのままとしてそれに従事する人員の増加をもって、応急的に対応しているという現状の問題点を捉えていた。しかも、重化学工業化の進展で若年労働力の確保は困難で、炭鉱労働者全体の移動率が高まっており、その結果、不慣れな労働者と熟練労働者を一つのグループとする連合請負式の賃金を支給している炭鉱では、さらに問題が生じていることを述べてもいた。すなわち、一つのグループあたりの出炭量は低下するため、熟練労働者の取得賃金も減り、それゆえ、熟練労働者の移動が促進されているというのである。ただし、岩城は経営規模の大きい製鉄・化学等の一肢体となっている炭鉱では熟練労働者をそれにふさわしく待遇することで移動率が相対的に低くなっていること、こうした炭鉱では「雑役層」も長期勤務すれば熟練労働者となりうる途があるため、人員確保の困難と新規雇入れの労働力の質の低下もそれほど深刻ではないことを示唆している。

こうした実状を紹介した上で岩城は次のように主張している。「より多く劣質の能率低い労力に、しかも労力一筋に頼る炭山の増加と拡張は、応急的な増産にすぎないことを考へ、本格的な恒久的増産に資する方策を把持することは、忘れてはならない」「現状においては誠にやむを得ないとするも、半島労力又は勤労報国隊の支援はあくまでも応急策であり、本筋には恒久策の存在することを、応急策が常則的になる可能性の強い今日力説せざるを得ない。かかる欠点よりして、熟練鉱夫保持・育成政策といふものは、恒久的増産視点の上から高く評価されて然るべきものである」。要するに、本来進めるべきは機械化と熟練労働者の確保、移動率の低下であり、人間の頭数だけを揃えることのみに躍起となっている現状は長期的には石炭産業のためにはならないというのである。

こうした認識をもっていた岩城は明確には述べていないにせよ、朝鮮人の動員によって炭鉱労働力不足を埋めようとする現状の施策が矛盾に直面し、破綻することを見通していたと考えられる。また、すでにみたように、ほぼ同じ時期に発表された前述の中谷忠治による朝鮮農村の労働力にかかわる分析も、現状のままの朝鮮農村を給源とする労務動員の持続が無理であり、農業生産の減収という別の大きな問題をもたらすであろうことを明らかにしていた。

だが、これらの議論をふまえた労務動員政策の修正は行われなかった。むしろ次に見るように日本帝国は無理を通し矛盾を拡大させる方向に政策の舵を切っていったのである。

第3章
押しつけられる矛盾

労務員集合場の看板の前に立つ，要員確保のために朝鮮に出張した日産化学工業遠賀鉱業所の関係者．時期は1942年とされる(法政大学大原社会問題研究所所蔵)．

1 朝鮮人労務動員制度の再確立

英米との戦争

泥沼化した日中戦争を続けていた日本帝国は、英米との対立も強めた。結局、日本帝国は一九四一年一二月八日、英米両国と交戦状態に入った。以後、当時、南方と呼んでいた東南アジアの欧米列強の植民地を占領していくことになる。もちろん、蔣介石政権ら中国との戦争も続けられた。日本帝国の戦争はアジア・太平洋地域全域に広がったのである。

よく知られているように、この戦争で当初の日本の英米両国に対する優勢は長く続かなかった。翌年六月のミッドウェー海戦で日本海軍に打撃を与えた米海軍は反攻に転じる。守勢に転じた日本陸海軍は一九四三年九月に絶対国防圏を設定したが、翌年にはこれも破られた。太平洋上の戦略拠点を獲得した米軍は一九四四年秋以降、日本本土への空爆を行うようになる。この間、日本軍は中国戦線でも膠着状態を打開できず、大規模な兵力が釘付けにされたままであった。

したがって、軍事動員もその規模を拡大していった。日中戦争が始まった一九三七年の日本帝国陸海軍の兵力は六三万四〇一三人であったが、一九四一年には二四一万一三五九人、一九四三年では三八〇万八一五九人となっている。

このように多数の青壮年男子が兵役に就くなかで、日本帝国は軍需物資についてもこれまで以上の増産を果たさなければならなかった。米国は日本よりも多量の資源をもつばかりではなく、技術、生産性、労働力の絶対数でも勝っていた。そのような国家と戦争を行うこと自体が無謀であったにせよ、始まった戦争での勝利のためには軍需生産の維持・拡大は必須条件であった。こうして、政府と軍の指導者は戦争終結の日までさまざまな手段を用いて軍需物資増産の施策をとり続けた。

そこにおいて、石炭の増産は引続き欠かせない条件となっていた。また、占領地の軍事基地建設を含めて行うべき土建工事も増えていたし、港湾荷役を含む輸送が機能しなければ物資の生産は果たせなかった。そのための労働力の需要をまかなうためにも、朝鮮人労働者の活用は重要性を増していたのである。

新たな閣議決定

英米との戦争開始を受けた一九四二年二月一三日、政府は「朝鮮人労務者活用に関する方策」を閣議で決定した。これは一九三四年の閣議決定「朝鮮人移住対策の件」に代わるものとして位置づけられていた。つまりは、朝鮮人労働者の渡日は抑制が基本原則であり、動員計画による「内地移入」を例外とする方針はようやくここで廃棄され、積極的に朝鮮人労働者を日本内地に導入することが打ち出されたのである。

それは日本内地においては労務需給逼迫が深刻化しているのに対して、朝鮮ではまだ労働力に余裕があるとの認識に基づく決定であった。新たな閣議決定は「軍要員の拡大に伴ひ内地に於ては基礎産業に於ける重労務者の不足特に著しく従来此の種労務者の給源たりし農業労力亦逼迫し来りたる結果応召者の補充すら困難なる実情に在りここに於て此の種労務者の需給に未だ弾力を有する朝鮮に給源を求め以て現下喫緊の生産確保を期するは焦眉の急務たり而して従前より朝鮮人労務者に依存せること少からざりし土建、運輸等の事業に於ても最近之に期待すること益々大なり」との文章で始まっていたのである。

しかしこの閣議決定は単純に朝鮮人労働者動員を拡大すべきことを確認しただけではなかった。それは朝鮮総督府側と日本内地側の意見を調整し方針の統一を図ったものでもあった。右の部分に続けて閣議決定には、次のような文言が置かれていたのである。「然るに朝鮮人労務者の内地送出並に之が使用に関しては複雑なる事情交錯し内鮮の指導必ずしも一致せず之が為生じたる弊害亦少からず、今や内地労務者の資質に鑑み所要の朝鮮人労務者を内地に於て活用するは不可決の要請なるを以て此の機会に於て既往の経験を省察し其の施策に統一と刷新とを加へ内鮮共に真の指導性万全方策を確立して速に之を実行すること最も必要なり」。

では朝鮮総督府側と日本内地側の不一致とは具体的には何だったのであろうか。この点は閣議決定では明確に記されていない。ただし、根本的には朝鮮からの労働力をより多く欲しい日本内地側と、なるべく出したくない朝鮮総督府側との意向の相違が関係していたという推測が可能であろう。もともと朝鮮総督府側は朝鮮北部の工業化のための労働力を確保しようとしていたことに加えて、農業生産の維持のためにも多量の日本内地への労働者送出は避けたい意向をもっていた。これに対して今後の軍事動員で労働力の確保がさらに困難になることが予想されるなかで、日本内地側はより多くの朝鮮人労働者の導入を希望していた。もちろん受入れる朝鮮人は〝質の良い〟労働者であることが望ましいし、導入に伴うコストをなるべく負担したくないという考えも日本内地側は有していた。逆に朝鮮総督府としては、朝鮮人労働者に不満を抱かせないよう、受入れ側が十分な配慮のもとで彼らを処遇することを願っていたであろう。無理をして送出した朝鮮人が酷い扱いを受けるようなことがあれば、本人や朝鮮に残る関係者の不満を強め政策への批判を強める可能性が存在したためである。その観点からは特に職場での民族差別的な待遇はあってはならないことであった。

閣議決定の内容は、こうした朝鮮総督府・日本内地側の希望をいれたものとなっている。すなわち、今後の朝鮮人の日本内地への動員にかかわる方針の骨子は、原則として一七〜二五歳の心身健全なる者を選抜し、朝鮮内で精神教育・日本語教育等を訓練した上で送出する、日本内地側では国家の指導保護のもとに彼らを使用させ、優秀なる皇国労働者に育成して二年後に朝鮮に戻し、朝鮮における人的国防資源の強化に資する、朝鮮人労働者に対しては「内地人」と異ならない処遇を行う、などであった。つまり、朝鮮からなるべく若く優秀な青年を日本内地に送り、二年間研鑽をつませて立派な労働者とした上で朝鮮に戻すという計画を立てたのである。このプランは日本内地側と朝鮮総督府側双方を満足させるものであった。日本内地側にとっては若年労働者を使用できしかも彼らを定着させずにすむし、朝鮮総督府側は二年間先進的な職場で訓練を積んだ労働者を得られるからである。

決定の実現不可能性

だが、もちろんそれは机上のプランにすぎなかった。その後の現実を見れば右に述べたような閣議決定の内容で実現したことは、ほとんどというよりまったくなかったと言える。そもそも、それを実行しうるような条件が存在していたかどうか、決定に参画した者がその実現可能性を信じていたかも、疑問である。

若くて心身ともに健全な朝鮮人で農家の基幹的労働力以外の者は、それ以前にかなりの部分が朝鮮北部や日本内地、あるいは志願兵や軍属として動員されていた。もちろんまだ農村に残っていたそのような人びとを何人かはかき集めることは可能であっただろう。だが、朝鮮総督府にせよ日本内地側にせよ、彼らに十分な訓練を実施する余裕はなかった。朝鮮総督府側に期待されていたのは、日本語教育や団体行動への適用であったと見られるが、この時点で一七～二五歳の朝鮮人男子は学校に通っていない者も相当数存在する。初等教育を受ける機会のなかった人びとに外国語を習得させるのは、ごく初歩的な水準であっても、一、二カ月では困難である。日本内地送出予定者を集めたり通わせたりして何カ月か訓練をほどこす余裕が朝鮮総督府側にあったとは到底、考えられない。

他方、日本内地の受入れ企業にとっても朝鮮人を「優秀なる皇国労務者」に育成する時間と手間を割く余力があるはずがない。自分たちが必要なのは労働力であるのになぜそのような訓練をしなければならないのか、というのが企業側の本音であっただろう。事実、一九四二年二月に開かれた日本経済連盟会主催の座談会で北海道炭礦汽船株式会社(北炭)労務課長の前田一は「総督府の方針と云ふものが、鮮人の皇民化、文化的な日本国民化と云ふやうなことを業者にして貰ひたい。斯う云ふ腹です」「訓練期間が従来三箇月であつたものが、今度は六箇月になり、……公生活、私生活、総て隊組織で訓練して呉れ、其の訓練要項が実に込入つたものをずらり列べられて居る。こつちは生産拡充で来て貰ふ積りであつたが、先生みたやうな仕事をしなければならぬ」と、政府の施策に対する批判めいた発言を行っている。

しかも二年の期間を決めて朝鮮に労働者を戻さなければならないことは、定着を防ぐという意味では日本内地の治安問題・労働行政担当者の思惑と合致していただろうが、企業にとってはデメリットが大きかった。ある程度、環境に順応し、熟練した労働者となった人びとを失うことを意味していたからである。

なお、以上のように朝鮮人労働者の使用にもさまざまな条件が付けられようとしている状況の打開策として、前述の座談会で前田一は、「苦力」の導入と導入した朝鮮人労働者の資格制度を提案している。後者は日本内地で働いた期間に応じて(例えば二年では初級、三年では中級、五年以上だと上級の)資格を与えて朝鮮内での有利な待遇を与える、というものである。これは実現しなかったが、「苦力」＝中国人労働者の導入は後に実行に移されることになる。

渡日統制のさらなる強化

以上のように、優秀な朝鮮人青年を選抜し訓練しつつ日本内地の労働力不足を補い、二年後は朝鮮のために資するというプランは実行不可能だった。現実には、一七〜二五歳の青年の要員確保は困難であり、より幅広い年齢層が対象となり(もともと閣議決定には選抜困難な時は年齢について拡大しうると書かれていたが)、重労働に堪えるだけの者以外も日本内地に送出された。そして、おそらく朝鮮総督府側の要望で盛り込まれた民族差別的な待遇の禁止や二年間の期間満了後の朝鮮への労働者の帰還も、ほとんど実行されなかった(後述)。

しかし、新たな閣議決定がまったく意味をもっていなかったわけではない。右に紹介したような文言を――おそらくは建前にすぎないことを重々承知の上で――記した上で、閣議決定はその実現に向けて次の処置をとるべきことをうたっていた。すなわち、朝鮮人の日本内地への就労についての労務統制を強化し統一すること、朝鮮総督府の強力な指導によってこれを行い必要によっては国民徴用令を発動して要員の確保を期すること、朝鮮の動員機構の人員拡充や警察機能を強化することである。これらの方針は――動員機構の人員拡充が十分なものであったとは見なしがたいが――実行に移されることになる。

このうち、日本内地での就労の労務統制強化に関しては、縁故渡航を動員に振り向けることが目指された。閣議決定を受けて朝鮮総督府側と日本内地関係当局が協議の上で新たに結んだ、朝鮮人渡日に関する取扱いの協定には次の文言が加えられた。「労務動員計画以外の朝鮮人労務者を内地に移入せんとするもの(いわゆる縁故渡航)に対しては出来得る限り労務動員計画に依る統制下に行ふべきことを指導し、其の従事せしむべき事業並朝鮮人労務者の事情等より已むを得ずと認めらるる者に限り之を認むること、而して右の已むを得ざる事情に付ては従来より一層厳重に解釈すること」。つまり動員計画の枠外での日本内地への移動と就労は、きわめて例外的にしか認められないことになったのである。しかも、朝鮮人渡日抑制を方針とした一九三四年の閣議決定が廃止されたことは一般には公表せず、その上で仮に個別的に渡日をしても「平和産業への個別的雇入の如きは事実上殆ど不可能」であることが宣伝されることとなった。

こうした措置は、動員計画に基づいて配置される事業場に比べて相対的に待遇がよく高い賃金を得られる就労先が存在していたことを意味している。農業経営よりもそうした事業場での労働が有利だと判断した朝鮮人は、この時期でも生活戦略的移動を試みていた。したがって密航はこれ以降も引続き行われていた。それを企図した者の人数はもちろん不明であるが、日本内地側の警察が把握した密航者数は確認できる。それは一九三九年の七四〇〇人をピークに減少してはいたが、一九四二年中も四八一〇人と決して少なくない数字となっていた(ただし、その中には家族との同居を目的とした密航も若干含んでいると推測される)。

官斡旋による要員確保

日本内地送出の要員確保に向けた〝朝鮮総督府の強力なる指導〟としては、新たに「官斡旋」と呼ばれる方式が取られることとなった。これは朝鮮総督府が策定した「朝鮮人内地移入斡旋要綱」に基づき、一九四二年二月以降実行に移される。

それ以前の方式が募集と言われるものであったのに対して、官斡旋は行政当局の関与を明確に表した名称となっている。このため一部にはこの段階で初めて行政当局の積極的な関与のもとでの日本内地への朝鮮人送出が開始されたとの誤解がある。

しかし、すでに述べたように末端の行政機構や警官の協力なくしては労働者の確保は難しいし、企業の側も実際に協力を得ながら募集を遂行していた実態があった。ただし、面事務所の積極的な協力は少なくとも一般的ではない。これは農業生産への影響の懸念が関係していたと見られるほか、待遇の劣悪な炭鉱等への動員が本人およびその家族の不満を生じさせる可能性からの躊躇もあっただろう。またそもそも面が、さまざまな事務処理のほかに労務動員の仕事を担う余裕はあまりなかったはずである。

そのようななかで新たに出された官斡旋についての規定＝「朝鮮人内地移入斡旋要綱」は、不可欠であった末端の地方行政機構の労務動員への協力を明記していた。一九四二年に策定されたこの要綱では要員の確保について「職業紹介所及び府邑面は常に管内の労働事情の推移に留意精通し供出可能労務の所在及供出時期の緩急を考慮し、警察官憲、朝鮮労務協会、国民総力団体其の他関係機関と密接なる連絡を持し労務補導員と協力の上割当労務者の選定を了するものとする」と記されていたのである。

だが、官斡旋方式の特徴を、動員計画で必要な労働者の確保において行政当局が関与するようになった点に求めることは奇妙である。国策として決めた動員計画に必要な人員を得るためにその任務にあたるべき行政機構が何も行わないとすれば、そのことこそが異常である。

むしろ朝鮮の要員確保の特徴となっているのは、この段階でも行政当局が実質的には中心的役割を果たしていないこと、そして地域社会の有力者の関与を制度化していないことにあると見なければならない。先に見た「要綱」では確かに府邑面が要員確保の主体となっているが、しかしその際には、警察や翼賛団体、そして労務補導員と協力の上で行うとされている。このうち、警察(面においては駐在所の巡査)は面長よりも権力をもっていると見なされる存在であり、民衆の反抗を抑えうる力を維持していた。翼賛団体は民間の有力者を含むが実際には上から組織された行政当局の別動体である。では、労務補導員とは何であろうか。

「朝鮮人内地移入斡旋要綱」によれば、それは道知事が「労務者供出」に関する事務を嘱託する存在であり、「官庁の指揮監督を承けて鋭意労務者の選定に協力」することとなっている。だが、彼らは「事業主若《も》しくは事業主の雇用する職員又は関係産業団体の職員」であり、彼らにかかわる「経費一切は事業主の負担」とされていた。つまりは朝鮮人労働者を必要とする企業やその関係団体の職員であり、したがって切実に労働者を必要としている企業や業界の利益のために行動する立場にあるのが、労務補導員だったのである。彼らこそが労働者確保に迫られていたのであり、割当てられた地域においてもっとも熱心に活動したはずである。

もっとも、これまでの研究では官斡旋の時期においては、区長ら村落の中心人物らが動員すべき人員の取りまとめを行うようになった(したがって村落レベルでの企業関係者が活動せずとも済むようになった)かのような見方が提示されている。確かにそのようにして要員確保が行われることも相当数あったであろう。被動員者の証言からは区長が直接命令する、あるいは集落の人びとを集めてくじ引きを行って被動員者を決定した事例も確認できる。

しかし、この時期においても労務補導員が警官や面職員らとともに各家をまわって、要員確保を進めていたことも被動員者の証言から裏づけられる。例えば「巡査と日本人が家にやって来て、「金が儲かるから、日本に行って働くように」ともちかけられた。当時は、警察と聞くだけでもちぢみ上がった。「もし行かないと断わっても、強制的に連れて行かれるだろう」とあきらめ日本に行くことを承諾した」(一九四二年四月、慶尚南道達城郡から兵庫県日亜製鋼尼崎工場に動員された羅寿岩の証言、朝鮮人強制連行真相調査団編『朝鮮人強制連行調査の記録　兵庫編』柏書房、一九九三年)、「日本の「岩手組」からやってきたと名乗る日本人と村の朝鮮人の男の二人が家に訪ねてきた。そして「日本に行って働け」と強要した」(一九四三年一月、慶尚南道宜寧郡から長野県下伊那郡の平岡ダム工事現場に動員された金正三の証言、朝鮮人強制連行真相調査団編『朝鮮人強制連行調査の記録　中国編』柏書房、二〇〇一年)、「日本から福島という男が来て、面事務所の労務担当の人と一緒に各家をまわって、百名を集めました」(一九四二年八月、全羅北道完州郡から長崎県西彼杵《にしそのぎ》郡の三菱崎戸炭鉱に動員された元壽鳳の証言、「百萬人の身世打鈴」編集委員会編『百萬人の身世打鈴』東方出版、一九九九年)、「駐在所の警官と面の役人、それに日本から来た人間がわたしの家に来て……それから三日して来た手紙には、「日本に石炭を取りに行かなければいけない」と、書かれていました」(一九四二年一〇月、慶尚北道星州郡から長崎県西彼杵郡の三菱崎戸炭鉱に動員された成炳仁の証言、前掲『百萬人の身世打鈴』)などの証言がある。動員された人びとは労務補導員の語を用いていないが、勝手に重要産業に配置すべき労働者を集めることが許されるような状況ではなかったことを考えれば、朝鮮の村落に来た「日本人」とは労務補導員と見て間違いない。

行政の権限と責任

村落レベルでの朝鮮人住民による取りまとめと労務補導員が直接各家をまわるようなケースのどちらかが多かったかは不明である。後者の場合でも区長が動員されるべき者のいる家を労務補導員や面職員に伝えるといったこともあっただろう。しかし重要なことは、もし村落の中心人物が非協力的であれば、企業から派遣された人物が警官らを伴って必要な人員を確保することが可能であったということにある。そしてその村落に住み続けるわけではない労務補導員や警官は、地域の労働力の実情や社会秩序を考慮することなしに、人員確保を進めたはずである。

この点において日本内地と朝鮮の労務動員は異なるのである。日本内地においてはすでに述べたように職業紹介法の規定に基づく連絡委員が置かれていた。そしてこの後、日本内地では地域の有力者らの動員すべき労働者の選定への関与は制度的にも強化され、その一方で企業が派遣する労務補導員の制度は廃止される(後述)。それはもちろん、地域社会に動員割当充足を強要し、その責任を重くするということではあったが、同時にある程度は地域の実情に応じて動員を進める可能性をもたせた。だがこれに類似した制度は朝鮮では作られなかったのである。したがって、官斡旋は地域社会の事情を考慮することなく、そこに責任もつながりもない労務補導員が、自分の所属する企業のために労働者確保のみを追求することを制度化したと言える。

誤解のないように付け加えておけば、これは労務動員において生じたさまざまな問題について行政当局に責任がないということを意味するのではない。官斡旋は朝鮮総督府が策定した規定に記されているようにあくまで動員すべき人員の選定は府邑面が行うのであり、労務補導員はそれに協力すべき存在であった。仮に労務補導員が独断で暴力的な人員の駆集めを行ったケースがあったとしても、行政当局は監督が行き届かなかったことについての責任がある。

付言すれば、官斡旋は職業紹介と似てはいるが、事業主が最終的に採否を決定するわけではない点でそれとは異なるとされていた。募集においても集められた朝鮮人の採否の決定権は事業主にあった。これに対して、官斡旋で行政当局がとりまとめた労働者の採用拒否の自由は企業側にはない。その意味では官斡旋は、企業側ではなく行政当局が主導する労働力の強制的な配置としての性格が、募集や通常の職業紹介よりも強いことは明白である。

2 日本内地の動員施策

日米開戦後の動員計画

では戦争の拡大を受けて、労務動員はどのように展開されただろうか。本節では日本の敗色が濃厚となる時点より前の時期について述べることとしたい。その際、まず全体の動員計画と日本内地の動員のあり方を概観しておく。

一九四二年度の国民動員計画(前年度までの労務動員計画がこの名称に改められた)は五月に閣議決定されている。日本内地関係の動員の大枠は、需要と給源(供給)がともに一九六万七八〇〇人であり、二〇〇万人以上の需要と給源となっていた前年度より減少していた(表11・12)。これは労働力需給の逼迫で従来のように「需要を基礎に無理な供給割当を編成」すること(大原社会問題研究所『太平洋戦争下の労働者状態』、一九六五年)が困難となったためである。これに関連して、閣議決定を受けて発表された企画院総裁の談話を見れば、「供給源の現状に鑑み努めて需要を圧縮」「需要の厖大なるに拘わらず供給力に一定の限界存するがために各々の部門に於ても前年度より数的には相当の減少となった」との文言が確認できる。

項目を見ると、前年度までとは異なり、需要では事務職員や公務要員、外地要員が計上されていた。しかしもっとも多いのは「一般労務者」の九一万二一〇〇人(うち男子七四万人)であり、そのうちでは生産拡充計画産業(炭鉱はここに含まれる)が前年度に比べて増えていた。一方、給源では農業従事者が計上されていたものの、農村を主要な給源とすることは避けられた。給源のうちの農業従事者は九万八

表11　1942年度国民動員計画における「常時要員新規需要数」(日本内地)

(人)

区　分	男	女	合　計
一般労務者	1,140,400	555,300	1,695,700
新規需要増加数	740,000	172,100	912,100
軍需産業	397,600	101,100	498,700
生産拡充計画産業	164,300	19,100	183,400
上記の附帯産業	35,300	25,900	61,200
生活必需品産業	8,300	8,400	16,700
交通業	80,100	13,900	94,000
国防土木建築業	32,300	3,300	35,600
農　業	22,100	400	22,500
減耗補充要員数	400,400	383,200	783,600
下級事務職員	54,000	55,000	109,000
新規需要増加数	25,600	26,000	51,600
減耗補充要員数	28,400	29,000	57,400
公務要員	36,600	30,200	66,800
新規需要増加数	12,300	9,000	21,300
減耗補充要員数	24,300	21,200	45,500
外地要員	76,300	20,000	96,300
合　計	1,307,300	660,500	1,967,800

典拠：企画院「昭和十七年度国民動員実施計画」1942年5月26日.

表12　1942年度国民動員計画における
「常時要員供給数」(日本内地)

(人)

	男	女	合　計
新規国民学校修了者(農村関係)	125,000	195,000	320,000
新規国民学校修了者(其の他)	292,800	157,900	450,700
新規中等学校卒業者	55,700	38,400	94,100
要整理工業従事者	134,300	60,700	195,000
商業従事者	366,700	86,300	453,000
家事使用人	2,000	25,000	27,000
其の他有業者	78,000	21,600	99,600
一般土木建築業従事者	20,000	0	20,000
農業従事者	84,000	14,300	98,300
無業者	28,800	61,300	90,100
朝鮮人労務者	120,000	0	120,000
合　計	1,307,300	660,500	1,967,800

典拠：企画院「昭和十七年度国民動員実施計画」1942年5月26日.

三〇〇人にとどまっていたのであり、新規学卒者と商業および要整理工業従事者等が給源の多くを占めた。なお、朝鮮から日本内地に導入する労働者数は一二万人とされており、これは給源全体の六・一%であった。

一九四三年度の動員計画は五月に決定されており、過去最大の動員規模となった。日本内地関係の需要と給源(供給)はともに二三九万六三〇〇人である。すでに前年度の段階で、供給力の限界を認めていた企画院総裁は、この計画の「迅速且的確なる充足は実に異常の努力を必要とする」との談話を発表している。需要の項目はほぼ前年度と同じであるが、農業減耗補充要員が三二万人計上されていたのが特徴となっていた(表13・14)。なお、需要のうちでもっとも多数であった項目は一般労務者で、その数は減耗補充分を含めれば一六四万五八〇四人(うち男子は一二二万一六八〇人)となっていた。これに対する給源では、前年同様新規学校卒業者や転廃業の対象となった労働者が多くの割合を占めた。また、農業従事者八万三〇〇〇人、各種学校在学者五万三〇〇〇人も計上されてい

表13　1943年度国民動員計画における「常時要員新規需要数」(日本内地)

(人)

区　分	男	女	合　計
一般労務者	1,221,680	424,124	1,645,804
新規需要増加数	868,153	234,658	1,102,811
軍需産業	447,432	134,691	582,123
生産拡充計画産業	260,565	52,433	312,998
上記の附帯産業	24,421	21,698	46,119
生活必需品産業	2,675	3,920	6,595
交通業	93,147	13,254	106,401
国防土木建築業	32,891	1,707	34,598
農　業	6,133	3,399	9,532
その他の産業	889	3,556	4,445
減耗補充要員数	353,527	189,466	542,993
下級事務職員	12,511	53,063	65,574
新規需要増加数	0	14,605	14,605
減耗補充要員数	12,511	38,458	50,969
公務要員	15,724	71,885	87,609
新規需要増加数	3,917	31,530	35,447
減耗補充要員数	11,807	40,355	52,162
男子就業禁止制限による女子補充要員	0	135,000	135,000
農業減耗補充要員	160,000	160,000	320,000
外地要員	126,585	15,728	142,313
合　計	1,536,500	859,800	2,396,300

典拠：企画院「昭和十八年度国民動員実施計画」1943年5月3日.

表14　1943年度国民動員計画における「常時要員供給数」(日本内地)

(人)

	男	女	合　計
新規国民学校卒業者	459,000	318,000	777,000
中学校卒業者	78,000	71,000	149,000
各種学校在学者	35,000	18,000	53,000
産業整備による転出可能労務者(鉱工業)	245,000	134,000	379,000
産業整備による転出可能労務者(商業)	173,000	39,300	212,300
農業従事者	60,000	23,000	83,000
其の他の有業者	71,500	56,500	128,000
男子就業禁止制限による転出可能者	190,000	0	190,000
無業者	55,000	200,000	255,000
移入朝鮮人労務者	120,000	0	120,000
日本内地在住朝鮮人労務者	50,000	0	50,000
合　計	1,536,500	859,800	2,396,300

典拠：企画院「昭和十八年度国民動員実施計画」1943年5月3日.

た。

給源の朝鮮人関係では朝鮮半島から導入すべき一二万人のほか、新たに日本内地在住朝鮮人労務者五万人も計画に組み入れられた。したがって、朝鮮半島から導入すべき労働者が給源全体に占める比率は五・〇%、日本内地在住朝鮮人も含めた朝鮮人労働者が給源全体に占める比率は七・一%である。日本内地在住朝鮮人はこれ以前であっても一般の日本人と同様の動員対象となるケースがあったが、ここでは協和会の組織を活用して要員の確保を図ろうとしたものと見られる。この時点で動員計画以外による渡日で日本内地に居住していた一〇代後半から四〇歳までの朝鮮人男子は約五〇万人と推定されるので、動員の対象となったのはその一〇%程度にあたる。

なお、一九四三年度の動員計画では朝鮮についての需要と給源がわかる(表15・16)。前年度からの増減は不明であるが、一九四一年度と比べると動員規模は二万三〇〇〇人以上増えていた。給源のなかで大きな割合を占めるのは引続き農村からの男子であり、しかもその数は一九四一年度と比べても四万五〇〇〇人以上増加していた。

表15　1943年度労務動員計画における「新規需要」(朝鮮)

(人)

区　分	男	女	合　計
一般労務者	244,642	21,956	266,598
新規需要増加数	171,952	9,417	181,369
軍需産業	5,766	197	5,963
生産拡充計画産業	45,226	1,926	47,152
上記の付帯産業	8,549	1,116	9,665
生活必需品産業	2,422	265	2,687
交通業	24,441	857	25,298
国防土木建築業	5,289	0	5,289
農林水産業	80,259	5,056	85,315
減耗補充要員数	72,690	12,539	85,229
下級事務職員	9,802	1,293	11,095
新規需要増加数	7,139	868	8,007
減耗補充要員数	2,663	425	3,088
公務要員	8,596	1,454	10,050
新規需要増加数	5,193	572	5,765
減耗補充要員数	3,403	882	4,285
内地及び外地に対する供出労務者	125,000	0	125,000
満州開拓民	15,000	15,000	30,000
合　計	403,040	39,703	442,743

典拠：企画院「昭和十八年度国民動員実施計画」1943年5月3日.

表16　1943年度労務動員計画における「供給」(朝鮮)

(人)

	男	女	合　計
新規初等学校及中等学校卒業者	50,288	10,835	61,123
農村より供出可能なる者	260,407	15,843	276,250
農村以外より供出可能なる者	75,000	11,800	86,800
日本内地よりの移住労務者	17,345	1,225	18,570
合　計	403,040	39,703	442,743

典拠：企画院「昭和十八年度国民動員実施計画」1943年5月3日.

連絡委員制度の再編

すでに労働力の枯渇が言われるようになっていたなかで動員計画に計上された要員の確保はどう進められたのであろうか。容易に想像がつくように国家の直接的な指令に基づく必要な事業場への配置、つまりは徴用の手段が増えていた。このことは事実であるが、しかしなおこの段階でも、徴用よりもほかの手段での労働力の充足が一般的であったことにも注意すべきである。厚生省の資料「昭和十八年度に於ける国民動員実施計画充足実績調」によれば、一九四三年四月から一九四四年二月までに国民職業指導所を通じた一般職業紹介での就職は一一二万八一一七人であるのに対して、徴用は七一万一〇六九人となっている。また、この資料では縁故募集、つまり個人的な伝手をたどっての就職も一般職業紹介と同じ数字と推定している。

このように日本内地の動員において徴用以外の手段で要員を確保しえた背景には、地域社会の有力者を協力させる体制が強化されていたことがある。一九四二年七月、国民職業指導所の業務を補助する連絡委員と労務補導員の制度の抜本的な改善が図られた。企業関係者である労務補導員は廃止されるとともに、地域の有力者から選ばれていた連絡委員についても単なる名誉職以上の意味をもたせることとなったのである。すなわち、連絡委員については新たに適任者が任命され、彼らについては財団法人職業協会から国民動員協力員という資格を与えられた上で同協会から手当が支給されることとなった。そして全国で約七万七〇〇〇人が任命されたこの連絡委員＝国民動員協力員は、国民職業指導所の窓口で充足できなかった人員を探す任務が与えられた。ついで翌年四月には、その一割が常任連絡委員に任命された。常任連絡委員は国庫から支出される月五〇〇円の手当も受給しつつ、「常時勤労要員の開拓に挺身」することとなった。前述のように、これは地域社会の有力者にある程度の責任を付与して割当てられた労働者の「供出」を強要するものであったが、しかし同時に地域社会の事情を配慮した動員遂行を可能とするものであった。少なくとも、地域の有力者とコネを有する者は動員対象からの免除や比較的負担の軽い動員先への就労等を考慮してもらう余地をもっていただろう。

商工業者等の転廃業

軍需生産とは直接関係のない中小の商工業者らの転廃業も、ある程度、彼らの生活に配慮しつつ進められた。その過程についてこれまでの研究をもとにまとめれば次のようである。

まず一九四一年までは、企業合同や配給機構の整備の中で商店の多くの従業員らと一部の商店主の転業が行われた。ただし、商店主は原料の仕入れが以前と同じようになれば原職に復帰したいという希望をもつものが多かった。翌年になると、商業組合や商業報国会によって選定された一部の小売店舗が転廃業の対象となった。その際の実行には、年長者などの転業困難者、出征軍人が営業主である場合などは業務をそのまま継続できるような配慮を伴った。

ついで一九四三年には転業促進の措置として商工業者が職業転換の場合、引受企業において前の収入を考慮した給与額を決定すべきことや転廃業者の設備資産の買取り、負債整理の促進、家庭の事情その他で転業が困難な人びとのための授産所設置などの政策を決定した。このような施策を受けて一九四三年後半以降、商店主も含めて転廃業が進んでいくこととなった。

徴用増加と勤労援護

前述のように、一九四二年度以降の動員では徴用が増加していた。『労働行政史』によれば、一九四二年度が四六万九三八八人、一九四三年度は八月までの集計であるが二八万三五五八人となっている。このうち管理工場への徴用がそれぞれ、三二万一六九八人、一九万三八一四人であり、それ以外は陸海軍の雇用である。また、米国戦略爆撃調査団報告に掲載された統計によれば、新規徴用は暦年で一九四二年が三一万一六四九人、一九四三年が六九万九七二八人と一挙に増加していた。

なお、一九四三年七月には国民徴用令が改正され、第二条の文言が「徴用は国家の要請に基づき帝国臣民をして緊要なる総動員業務に従事せしむる必要がある場合に之を行うものとす」となった。つまり職業紹介等で人員が得られない場合に発動されるものとされていた徴用は総動員業務のために緊急に労働力を得る上での中心的な手段として位置づけられたのである。

だがこの時点では銓衡のために出頭に応じた者のなかから、年齢若く労働に堪えられる身体をもつ、扶養家族のない者、通勤範囲内に職場がある者を確保することは難しくなっていた。「平均年齢の増嵩・妻帯者率の上昇及び扶養家族の増加を伴ふと共に、体位は次第に低下しつつあり、学歴・職業・地位の上層に在る者も押しなべて多数に産業戦線に動員させられつつある」(児玉政介『勤労動員と援護』一九六四年、ただし原稿は一九四四年)状況となったのである。

そのために引き起こされる生活や労働の困難も、民衆の間で噂となり広く知られるようになっていた。同時代の世相をよく伝えている永井荷風の日記には、一九四三年一〇月二六日付の記述に、大卒の銀行会社で地位を得た者などが徴用されて「職工」として慣れない労働に従事していること、被徴用者のなかには死傷者も出ていること、幸に労働を続けることができたとしてもその給与はかつての四分の一程度で家族が困窮しているケースがあるとの風聞を書きとめている。

ただし、荷風が聞いたような事例が一般的であったわけではない。と同時に、徴用された者とその家族については、生活の困窮を防ぐための施策が用意されていた。

まず、一九四二年一月からは厚生省令の国民徴用扶助規則が施行されていた。これは家族との別居や被徴用者の業務上の負傷、疾病、死亡による経済的困窮に対応して手当を支給するなどの措置をとることを規定したものであり、被徴用者本人のほか、配偶者や子、その他、被徴用者と同一の戸籍にある者が受給資格をもっていた。さらに一九四三年五月には、国民徴用扶助規則の範囲外の援護を行うことを目的とする財団法人国民徴用援護会が設立された。国民徴用援護会は国民徴用扶助規則の規定では扶助を受けられないが、実質的にはそれを受けるに足る立場にいる者や、同規則の規定による扶助終了後もなお困窮に対する援助が必要な者への援護を実施した。なお、徴用されたことで収入が減少した者への埋め合わせ分の金銭や特別な手当についての国庫補助による支給(行政当局はこれを「補給」と呼んだ。以下、本書での補給はこの意味で用いる)も、翌年には実施されることとなる。

農業労働力の保全

英米との開戦後に策定された動員計画では、前述のように日本内地の農業従事者をも給源としていた。しかし日本内地の農業労働力については、これを保全しようとする施策が講じられていた。そもそも、一九四二年度および一九四三年度での動員計画の給源全体に占める日本内地の農業従事者の比率はそう高いものではない。また、一九四三年度の動員計画の需要では農業の減耗補充の要員を計上していた。

これは日本内地の農民の間で工場等への就労の傾向が広がっていたことに対応していた。すでにそれは軍需景気の時期から問題になっていた。そして交通手段の発達や農村の近くに工場が設置されることが増えていくなかで、その傾向はますます進んでいた。

これに対して、一九四一年一二月、国家総動員法に基づく勅令として農業生産統制令が出され離農の防止が行われることとなった。これは三反歩以上の耕地面積を経営する農民が離農する場合には農会の承認が必要なことなどを規定していた。しかし生活上の困難を理由とする離農申請について拒否できなかったといった事情から、法的な離農統制はあまり効果を持たなかった。また、農業をやりながら近くの都市などで日雇労働を行うというケースも目立った。こうしたなかで、日本内地農村の労働力調整をめぐっては、どのように離農を防ぎ必要な労働力を確保するかが課題となっていく。

もっとも、農業人口自体はこの間、それほど大きな減少を示していなかった。だが、この間に兼業農家が増加し、農業の担い手は女性や老人が中心となっていく。このことは言い換えれば、それまで農業の中心となっていた青壮年男子が工場等に出て現金収入を得るための労働を行っても、残された女性や老人らで農業を経営できるし、むしろその世帯の生活上有利であることを意味していた。それは農繁期に工場労働に出ている男が戻って農作業を行うなどの対応が可能であったことが大きいだろう。徴用された者であっても、徴用先の工場が農繁期に農家出身者を一時帰農させるケースはしばしばあったことが伝えられている。

学生と女性の動員

一九四三年度からは学校在学者と女性の動員が本格化した。学校在学者についてはこの年六月の閣議決定「学徒戦時動員体制確立要綱」に基づき、学校の種類程度に応じた作業種目を勘案の上、国家の要請に即応して学校在学者の動員が進められることとなった。ついで、一九四四年一月には「緊急学徒勤労動員方策要綱」が閣議決定され、一年間のうち四カ月間を標準として学校在学者の動員を実施することが打ち出された。さらに、同年二月の閣議決定「決戦非常措置要綱」に盛り込まれた方針の一環として、以後、原則として中等学校程度以上の学生生徒は今後一年常時これを非常任務に出動させることができる組織体制に置き、必要に応じて活発な動員を実施することが確認された。

一方、女性の動員は男子の就業が禁止された職種への配置や女子勤労挺身隊の形態で進められた。勤労挺身隊はこの段階では法令に基づくものではなく、一九四三年九月の次官会議決定

「女子勤労動員の促進に関する件」を受けて結成されたものである。建前としては自主的なものであるが、市町村長、町内会、婦人団体等が主導し「家庭にある遊休女子」を隊員として工場等での作業に当たった。ついで一九四四年三月には「女子挺身隊制度強化方策要綱」が閣議決定されて、国民登録を行っている女子（具体的には一二歳以上四〇歳未満の配偶者を持たない女子）を原則として女子挺身隊員に選定し、必要に応じて国家総動員業務に協力させることとした。

以上のように日本内地では次第に学生や未婚の若い女性など、それまで動員対象となっていなかった人びとを含めた動員が進められるようになった。しかしこれらの人びとは炭鉱や土建工事現場での重労働に従事したわけではない。また、被徴用者もこうした労働現場に配置されることはなく、農業を女性や老人に任せて働きに出ようという青壮年男子がそうした職場を選好した形跡はない。こうした条件の下で、炭鉱や土建工事現場等の職場ではますます朝鮮人に依存せざるを得ない状況に直面することとなった。

3　困難になる朝鮮での要員確保

行政機構の再編

朝鮮人労働力の重要性が高まり、今後、動員の規模が拡大していくことが予想されるなかで、それに即応すべく朝鮮でも行政機構の再編が行われた。一九四一年一一月に実施された朝鮮総督府の機構改革のなかでは、内務局と警務局の一部を統合して厚生局を発足させ、労務課もそのもとに置かれることとなった(その後、さらに司政局に移管)。

しかし、動員すべき要員の確保にあたる行政機構は基本的にはこれまでと同じであった。朝鮮における職業紹介所は増設を見ることなく、労務動員行政を地域の末端で担ったのは府邑面である。では府邑面はそれを遂行しうるように組織強化が図られたのであろうか。

邑面の職員数を見れば、それが増加していたことは確かである。一九四一年以降、職員数は一〇〇〇～二〇〇〇人程度増加し、一九四三年末時点では二万五五八〇人となっていた。これを邑面の数で割ると一一・〇人となる。労務動員が開始された一九三九年時点では八・一人であったので、各邑面につき二、三人が増員された計算になる。

ただし、この時期、労務動員に限らず地域末端の行政が行うべき事務は増大していた。国策の教化宣伝や各種の調査、農産物の供出等にかかわる仕事の処理もあったことを考えれば、拡大する労務動員に即応した十分な組織強化となったのかどうかは疑問である。

なお、行政施策を徹底させる上で重要なメディアの発達や教育水準などについても総力戦突入以前とそう大きな変化はなかった。新聞については民族紙と呼ばれた朝鮮人資本の日刊紙二紙が一九四〇年に廃刊となり、全朝鮮的な商業紙としては朝鮮総督府系の新聞が日本語と朝鮮語それぞれ一紙刊行されていたが、発行部数が大きく伸びた様子はない。また、戦時体制に入って以降、就学年齢をすぎた朝鮮人に対する日本語教育も実施していたものの、一九四三年末の日本語理解率は二二・七％(一〇歳以上、男子では四九・〇％)、特に邑面では一八・九％にとどまっている。就学率も上昇はしていたが、一九四三年頃の朝鮮を視察した者が記しているところによれば、初等教育で男子七五％、女子三三％、平均して五四％となるものの農村、特に経済的に困窮している層では当然これより低い水準にあった。

朝鮮内の労務動員

こうしたなかで朝鮮の労務機構は日本内地への朝鮮人送出を最重要課題としつつも、朝鮮内の労務動員も遂行していた。その配置実数にかかわる統計数字については、詳細な説明を含む史料が見当たらず、不明な点が多い。ただし大蔵省管理局がまとめた『日本人の海外活動に関する歴史的調査』には「朝鮮内に於ける官斡旋労務者調」「道内動員数調」の二つの統計が含まれている。前者は道内動員を含まないとの注意書きがあり、その数は一九四二年度と一九四三年度の数字がそれぞれ四万九〇三〇人と五万八九二四人となっている。後者は暦年の数字の可能性もあるもので、それぞれの年次の数は三三万三九七六人と六八万五七三三人である。

このうち、前者は常用労働者の動員と見ていいだろう。道内動員を含まない、つまり道外への動員なのであり、年度途中で要員を交替することは輸送の関係から言っても合理的ではないからである。

そのように仮定すると、まず重要なのは「朝鮮内に於ける官斡旋労務者」の数字となる。これは一九四一年度が四万六八八七人なので、一九四二年度が微増、一九四三年度は前年度に対して約一万人の増加である。

これに対して「道内動員数調」は、常用労働者ではなく短期の動員に出動した人数の合計を掲げたものと考えるべきだろう。その規模は朝鮮内の動員計画の規模(こちらは常用労働者についてのもの)自体を大きく上回っているからである。また、『日本人の海外活動に関する歴史的調査』には、「道内動員、就中勤報隊は農業生産と睨み合わせて之を実施する」との記述もある。勤報隊とは国民勤労報国協力令による三カ月以下の短期の動員について組織される勤労報国隊を指す言葉である。そうではあっても、道内動員の数が一九四三年度に急に増えたことは、労務需給を一層逼迫させたことは間違いない。

このほか、この時期にも朝鮮外の動員としては、日本内地への送出と並んで満洲移民も引続き行われていた。集団開拓移民(朝鮮総督府および国策会社である満鮮拓殖会社による土地や家屋の提供や資金貸付を受けての入植)、集合開拓移民(満鮮拓殖会社が買収した土地に入植)を合わせた数字は、一九四二年と一九四三年がそれぞれ一九九九戸、一四九三戸であった。このほか、一九四〇年からは先進農業を学ぶという名目で(実際にはおそらく日本内地農村の労働力不足を補うために)朝鮮から送り出された青年による日本内地農村での労働奉仕が行われた。これは農業報国隊等の名称で農繁期に一月程度、数十人から数百人の派遣となっている。さらには軍要員(軍属)や兵士としての動員も次に見るように増加していた。そしてそもそもすでにそれ以前の年度に相当数の人びとが動員され、後述するように二年の期間満了後も帰郷できないケースがあったことから考えて、朝鮮内の労務需給は逼迫の度合いがかなり進んでいったと見るべきであろう。

軍事動員と錬成

日米開戦後には朝鮮人の軍事動員も増加していく。軍要員としての動員、つまり陸海軍が雇用する軍属となった者は一九四二年が二万二三九六人、一九四三年が一万二三一五人となっている。このうち被徴用者はそれぞれ四〇〇六人、二九八五人である。これらの軍属とされた人びとのなかには、戦後にしばしばBC級戦犯として罪に問われることになる捕虜監視員もいた。

兵士となる朝鮮人も増えた。陸軍特別志願兵の入営は一九四二年と一九四三年はそれぞれ四五〇〇人と五三三〇人である。これに加えて、一九四三年七月には海軍においても朝鮮人・台湾人男子の志願者を兵として採用する海軍特別志願兵令が出され、一〇月から実際に朝鮮人の海軍志願兵訓練所の入所も始まった。同じ一九四三年一〇月には陸軍特別志願兵臨時採用規則が公布施行され、これに基づき、いわゆる朝鮮人学徒兵の動員も行われた。対象となった文系の大学・専門学校等に在学する朝鮮人男子学生の間では、志願から逃れようとした者が少なからずいたが、最終的には九割程度が銓衡に応じた。この結果、二七三五人が採用されたとされる。入営は一九四四年一月であった。

また一九四二年には二年後からの朝鮮人への徴兵実施が発表され、その準備が開始された。徴兵実施のためには、戸籍の記載がかなり不正確なケース、具体的には出生年次や性別が異なるといったことだけでなく、そもそも戸籍がなかったこともあるような状況での戸籍の整備・訂正、忌避を防ぐための教化宣伝に加えて、対象となる者に対する訓練を実施する必要があった。適齢者の約八割は初等教育未修了者(ある程度の学年までは通ったという者を含む数字)だったためである。このため、朝鮮総督府は朝鮮青年特別錬成令を公布施行、これに基づいて各府邑面は、一七歳以上二一歳未満の男子で初等教育未修了者を対象として「錬成」を一九四三年四月から実施した。この錬成は年間六〇〇時間(初年度は五〇〇時間)、国民学校の施設を利用して行うもので、日本語学習や団体規律習得がその内容であった。もちろん、農繁期を外して実施されたであろうが、農業生産を基幹的に担うべき人びとにとって余計な負担を与えたことは否定できない。

朝鮮農村再編論

朝鮮の労務動員の給源の大部分は農村であるなかで、以上のような労務動員、軍事動員を遂行するためには、農業経営の合理化や一層の労働強化を図る必要があった。

後者については朝鮮総督府や翼賛団体が当時、盛んにその推進すべきことを宣伝していた。その際、女性が働かない朝鮮の弊習を改めるべきであるとか、日本内地に比べて朝鮮の農民は労働日数が少ないといったことが指摘されていた。

だが、朝鮮総督府の農政担当者は朝鮮農民の労働がたりないかのように言うのは誤解であることを述べていた。朝鮮総督府農林局技師の石井辰美が発表した「朝鮮に於ける農業労働力に関する一考察」(『朝鮮』一九四三年七月号)に記されたこの点についての分析は、農閑期の副業や堆肥製造、除草等を除けば日本内地と朝鮮の農民の労働量にそう差はなく、季節的に見れば朝鮮でも決して農業労働力に余裕があるとは言えない、というものであった。もっとも朝鮮の労働力不足への対応策としてこの論文で記されているのは「従来も云はれて居る如く先づ以て婦女子の勤労を更に積極化すべき」ということであり、託児所を設置して共同作業を行った地域の事例などが紹介されている。しかし、前章で紹介したように実際には、女性を動員しても朝鮮における農繁期の労働力は不足していた。

一方、農業経営の合理化の施策としては、経営規模の適正化を進めるべきことが語られていた。これは労務動員遂行の根拠となる。つまり、少ない農地しか所有せず農業だけでは生計を維持できない者が離村し、農村に残った者に必要で十分な農地が得られることで増産につながるという意見である。ただしこれも天水田に依存し、従来通りの作業のあり方を続けるのであれば、十分な増産にはつながらないし、農繁期の労働力不足はむしろ深刻化するはずである。

そして一九三〇年代末以降、相当数の農民が労務動員や満洲移民によって離村していたにもかかわらず、一戸当たりの耕地面積はそれほど増えていなかった。朝鮮全体の農家一戸当たりの耕地面積は一九三五年が一・四六町歩、一九四〇年が一・四八町歩であるのに対して一九四二年時点でも一・四七町歩とそう大きな変化はない。零細農民が多く、したがって労務動員の重点が置かれた朝鮮南部で見れば、むしろ一戸当たりの耕地面積は減少傾向すら見せていた。朝鮮南部の道のうち、一九四〇年と一九四二年を比べて一戸当たりの耕地面積が増えていたのは慶尚北道のみで、しかも一・一一町歩から一・一二町歩になったという微増ないし横ばいと言うべき変化であった。

そもそも、この間、朝鮮の農業戸数自体も大きな減少は見られなかった。一九四〇年と一九四二年を比べれば朝鮮全体でも、また朝鮮南部では慶尚北道を除くすべての道で農業戸数は増加していたのである。

このような動向は、農村人口の自然増加という要因もあるにせよ、日本内地へ動員された者の家族呼寄せが進まなかったことも影響していたはずである。動員先について行けない女性や老人、子どもらは、農村に残り、青壮年男子抜きで農業経営を続けていたのである。

結局のところ、朝鮮農業の増産と労務動員を両立させる方策はこの時点で見出されていなかった。しかも、そのこと自体が為政者や企業経営者らの間の共通認識となっていたかどうかも疑問である。一九四三年一一月に東洋経済新報社が主催し、朝鮮総督府の官僚や企業の幹部らが出席して開かれた座談会では、朝鮮農村の「労務供出力」が問題となった。そこでのやりとりは次のようなものである。

前述の石井辰美は、朝鮮農村の実状について田植えと麦刈り等の「適期の間に作業をやるには、現在の農民人口全部動員しても〔労働力が〕足りない」「農繁期には足りません」と明言したが、朝鮮総督府総督官房文書課長の山名酒喜男《みきお》は「朝鮮の農家が三〇〇万戸とすると女は少くも三〇〇万をる。とにかくこれを出して働かすことです」「学生を動員する……全部で二百三、四十万位にはなるでせう。これを農繁期には授業を全部止めて農村に動員する」と女性と学生の動員で対処することを主張した。これに対して石井は再び「農繁期には女もみんな引っ張り出して、尚ほ足りないんですよ」と念を押すかのように述べ、学生の動員についても「農業は誰にでも出来ると考へ易いが、さうではない」と否定的な見解を示した。また、農繁期に労働者を一時的に農村に帰すということについてふれた朝鮮土建協会理事の発言をひきとって、朝鮮総督府厚生局労務課の田原実は「そこですよ内地と違ふ点は」と述べ、朝鮮南部から朝鮮北部への動員が行われている条件においてはそれが無理であることを説明していた。だが山名からは「とにかく内地の農村はいま女と年寄だけで七〇〇〇万人の食糧を稼ぎ出してゐる」(七〇〇〇万人は日本内地の人口を指す。しかし当時の日本内地は朝鮮・台湾から多量のコメを移入していた)、東洋拓殖会社農業課長からも「御承知の様に朝鮮農家の労働日数は内地よりも遥に少い」云々の発言がなされた。これに対して石井は朝鮮の労働日数は実際には日本内地とそれほど差がないことをあらためて指摘し、「労力が足りないとばかり言はず、反面労力の節約も考へて頂きたいと思ひます」と、控えめにではあるが無理な要求への批判を行っていた。石井がここで言う「労力」とは、農村から労働力の供給を求め続けて来た農業以外の産業の労働力であると考えられる。

だがそれを受けて、鐘紡厚生課朝鮮出張所長は次のように述べた。「朝鮮ではまだ人口過剰時代のやうな人の使ひ方をしてゐます。……朝鮮にはまだまだ労務者を出す余力があると思ひます。今われわれの目に見えてゐるのは表面に現れてゐる者だけで、地下に潜んでゐる者は、まだまだ豊富です。内地でしてゐるだけの苦労を朝鮮でやれば、まだまだ沢山出てきますね」。朝鮮座談会は実質的にここで終わっており、したがってこの発言が、討論のまとめとなった。朝鮮農村から動員すべき労働力が存在するのかについての認識は一致せず、農村からの動員をいかにして可能とするかの具体的な方策は見出されないまま、労務動員は遂行されていたし、座談会によっても状況は変わらなかった。

充足率の異常な上昇

こうした事情にもかかわらず、動員計画に計上された要員の確保は進められた。しかも一九四二年度についてはこれまで以上の実績を挙げていた。すなわち、当初の計画数一二万人に対して朝鮮総督府の承認数は一二万一三二〇人とこれを上回ったのである。そして配置実数は厚生省史料では九万六〇一〇人、朝鮮総督府史料では一一万二〇〇七人であった。充足率は後者に依拠すれば、計画数に対して九三・三%、承認数に対して九二・三%という高率である。

以上のようにして計画数に近い多数の労働者を日本内地に送出したことは、その後の要員確保を難しくしたはずである。実際に一九四三年度に入ると、新聞等でも労務需給の逼迫が朝鮮でも進んでいること、要員確保が困難となっていることが語られていた。例えば『京城日報』一九四四年一月二九日付の記事は最近の官斡旋による日本内地への朝鮮人送出の成績があがらず、特に石炭、鉱山方面が著しく不振であるため、鉄鋼業に対する動員割当の充足を一時保留していることを伝えていた。また、一九四四年四月に出されている協調会『戦時労働事情』には「年度を経過するに随って半島労力にしても、割当数量に対する充足率は低下し現在七〇％前後が一般的」との文言が見える。

だが、この年度の日本内地への朝鮮人送出数は、朝鮮総督府史料では一二万四二九〇人と報告されていた。つまりは、計画数を上回る、一〇三・六％という驚異的な充足率を記録したのであった(ただし、年度中に計画数が一五万人に修正されている可能性がある)。そのような異常といってもよいような実績はどのようにして実現されたのであろうか。

朝鮮農村における要員の確保でカギとなるのは地方行政機構と警官の尽力の度合いであった。つまりこの間の充足率の上昇は、官斡旋になって面事務所らが要員確保に傍観者的姿勢を示すことが許されなくなったことが大きく影響していたのであろう。

しかし労働力自体は不足しているわけであるし、この時点での〝動員を待っていた〟離村希望者はなおいたにしても少なくなっていたはずである。したがって朝鮮農民の側から言えば意志に反して故郷を離れるケースが増加することとなっていた。

日本内地へ動員された朝鮮人やその遺族らの証言を見れば、一九四二、四三年時点でも経済的な理由から日本内地行きをむしろ喜んで受入れた被動員者も確かにいたことがわかるが(そのことはそれ以前の時期の労務動員実施において〝動員を待っていた朝鮮人〟を把握できていなかったことを示すわけであり、にもかかわらず相当数行われた動員において、離村を希望してもいない者が含まれたであろうことの傍証となるだろう)、しかし物理的暴力ないし心理的圧迫によって日本内地行きを強いられたケースが目立つようになっている。

そのいくつかを示せば次のようである。「一九四三年七月中旬(二六歳)のことだ。……近所の田植えを頼まれて……手伝っていた。そこへ日本人の巡査が来て私に用があるから来いという。ついていくと留置場に放り込まれた。……翌日(だったと思う)、トラックで全羅南道の麗水港に連れていかれ……日本の下関に着く……」(全羅南道高興郡から長野県御岳発電所工事場に動員された楊秉斗の証言、朝鮮人強制連行真相調査団編『朝鮮人強制連行調査の記録　中部・東海編』柏書房、一九九七年)、「日本人警官二名と面事務所の役人が一緒にやって来て連行していきました。面事務所にはすでに一五名の青年が連行されていました。……行きたくないと拒否すると、おまえらが行かなければ親兄弟を皆殺しにするぞと、脅しました」(一九四二年七月、咸鏡北道明川郡から岡山県三井造船岡山機械製作所に動員された崔重植の証言、朝鮮人強制連行真相調査団編『朝鮮人強制連行調査の記録　中国編』柏書房、二〇〇一年)、「面事務所から労務係職員が来て日本に徴用に行かなければならないと言いつつ令状を与えました。行かなければ家族に被害を及ぼすというので仕方なく〔応じた〕」(一九四四年三月、全羅南道高興郡から広島市広島港運株式会社に動員された朴正鎮の証言、金仁徳『強制連行史研究』景仁文化社、朝鮮文、二〇〇二年。なお、この時点では国民徴用令による要員確保は行われていないので、証言者の語の「徴用」は〝強制的な動員〟という意味と解釈されるだろう)。

要員確保が次第に困難となり、さまざまなあつれきを生じるようになっていたことは同時代の資料、朝鮮の労務動員を担う部局の職員自身の言葉からも確認できる。前述の東洋経済新報社の座談会で、朝鮮総督府厚生局労務課の田原実は次のように発言していたのである。

この官斡旋の仕方ですが、朝鮮の職業紹介所は各道に一ヶ所ぐらゐしかなく組織も陣容も極めて貧弱ですから、一般行政機関たる府、郡、島を第一線機関として労務者の取りまとめをやっていますが、この取りまとめが非常に窮屈なので仕方なく半強制的にやってゐます。その為輸送途中に逃げたり、折角山〔鉱山〕に伴《つ》れていっても逃走したり、或ひは紛議を起すなどと、いふ事例が非常に多くなって困ります。しかし、それかと云って徴用も今すぐには出来ない事情にありますので、半強制的な供出は今後もなほ強化してゆかなけれぼなるまいと思ってゐます。

このような実態は朝鮮総督府の上層部としても看過できない問題であり、一九四四年四月の道知事会議においては政務総監(総督を補佐し府務を統理し各部局の事務を監督する者)が訓示の中で要員確保のあり方に注意を促すといったことすら行われた。訓示の内容は『朝鮮総督府官報』のほか、『京城日報』(日本語紙)および『毎日新報』(朝鮮語紙)一九四四年四月一三日付に掲載されており、関係する部分は次のようである。すなわち「官庁斡旋労務供出の実情を検討するに、労務に応ずべき者の志望の有無を無視して漫然、下部行政機関に供出数を割り当て、下部行政機関も又概して強制供出を敢てし、斯くして労働能率低下を招来しつつある欠陥は、断じて是正しなければなりません」。労務動員が「強制供出」となっていることを政務総監も公然たる事実として認めていたのである。

発動できない徴用

要員確保の打開策として、すでに右で紹介した田原実の発言にも出ていたが、この時期には徴用の発動の議論が始まっていた。これはそれによって充足率を高めることが可能であるという見通しが一部にあったためであろう。徴用は官斡旋とは異なり法的な強制力を伴っていた。徴用は明確な国家の命令であり、それに応じない者には国家総動員法に規定された厳罰（一年以下の懲役ないし一〇〇〇円以下の罰金）が用意されていたのである。

もっとも、すでに見たようにこの段階の朝鮮での要員確保は本人の意思とはかかわりなく進められており、徴用とそう実態は異ならないと見なされていた。前述の東洋経済新報社主催の座談会で朝鮮土木協会理事は「私の方で官に斡旋して戴いている一二、三万人は殆ど徴用に近い行政上の強力な勧誘で出てをります」と発言していたし、動員される側から言えば、徴用と名がつこうがつくまいが、意志とかかわりなしに動員されることに違いはなかった。

ではなぜこの時点で朝鮮ではまだ徴用が発動されなかったのであろうか。この点については、すでに見てきたような行政機構の貧弱さが影響していたと思われる。徴用対象となる者に出頭を命じ銓衡を行い、徴用令書を手渡すという手続きを十数万単位の人物に対して遂行すること自体がそれなりの事務量となる。のみならず、国家の命令で総動員業務を担う被徴用者（一九四三年九月以降はその重要性に鑑みて応徴士という名称で呼ばれるようになった）については、名前や年齢、住所等を正確に把握、登録する事務も伴う。だが、徴兵対象者の戸籍の記載事項すら不正確な状態であった朝鮮で、こうした事務を問題なしに行いうる見通しは立っていなかったはずである。

朝鮮に徴用を発動しない理由はこれ以外にもあった。動員される朝鮮人が主として炭鉱・鉱山に配置されるためである。

それまでの徴用は陸海軍の雇用、ないし政府管理工場や工場事業場管理令に基づく指定工場（軍需工場等）に配置される者を対象としていた。しかし、国民徴用令では厚生大臣が指定するそれ以外の事業場での総動員業務にあたらせることも「特別の必要がある場合」には可能としていた（同令第四条）。したがって炭鉱等の労働者を確保するための徴用実施はできないことはない。だが、それを行うことへの懸念は強かった。それは「なぜかといふと鉱山作業は生命の危険が高い、そこに徴用者を入れることは民心に非常な悪影響を与へる」（前述の座談会での田原実の発言）ことが懸念されたためであった。

これに関連して一九四四年初頭には炭鉱の従業員の現員徴用が論議されていた。現員徴用とは、その職場ですでに働いている従業員を徴用するもので、その適用を受けた者は退職、転職等の自由な移動が不可能となった。そして、一九四三年一二月には軍需会社法および同施行令、施行規則が公布施行されており、それに基づき軍需会社として指定された企業の従業員は徴用されたと見なされる＝現員徴用されることとなっていた。これを受けて、労働者の移動率が高い炭鉱について軍需会社としての指定を考慮すべきではないかとの意見が一部で出されたのである。

しかし、一月一八日の第一次の軍需会社の指定では日本内地の主要な重化学工業の企業は含まれたが(その結果、これらの企業に直接雇用されていた朝鮮人は現員徴用された)、炭鉱は含まれなかった。その後、一月二九日の帝国議会でも炭鉱への現員徴用実施の考えはないかとの質問が出たが、政府側は時期尚早との考えを示した。その理由として、岸信介国務大臣は、炭鉱の労務管理にはなお改善の余地多いことを挙げている。

以上からは、国家の命令によって総動員業務への従事を命じられる「応徴士」が働くべき事業場は、彼らを大切に扱い、そのために職場環境を整えるべきという認識が——少なくとも建前として——存在していたのである。逆に言えば、朝鮮人は徴用と変わらない強力な措置による動員にもかかわらず、配置された職場が危険で労務管理も行き届いていないという不合理を押しつけられていたのである。

同時に、これは朝鮮で徴用を発動するためには、朝鮮人が配置されるであろう職場環境や待遇を改善することが、本来的には条件であることを意味してもいた。そのような認識は行政当局の責任者においても存在した。大蔵省管理局『日本人の海外活動に関する歴史的調査』は、一九四四年に入って朝鮮での徴用を行う際、朝鮮総督府は朝鮮内事業所については「労務管理特に優秀なるものを精選」「飽く迄国家の応徴士を受入れるに相応しい事業場のみに徴用を行ふこととし」、日本内地への送出については「労務管理の状況如何を条件とする方法を採つて」受入事業所側の朝鮮人労働者の処遇改善を期したと記述している。

しかし、実際に朝鮮人が動員された職場が応徴士に相応しいものであったかどうかはこの資料には書かれていない。またもし職場環境が改善されていたら、それを華々しく宣伝したであろう当時の新聞もその点については何も伝えていない。

なお、すでに述べたように国民徴用令で動員された者とその家族は扶助や援護という国家による生活の援助を保証されていた。朝鮮において国民徴用令がこの時点まで発動されなかったことは、〝より寛大な方法〟での動員が続いていたことを意味するわけではない上に(すでに見たように要員確保の実態は日本内地での徴用以上に厳しいものであった)、国家による名誉、生活の援助からの除外をもたらしていた。この時点の朝鮮人の被動員者は、いわば〝徴用されないという差別〟を受けていたのである。

動員忌避の背景

以上のように、少なくとも一九四三年度の後半には朝鮮においては労務動員の要員確保が困難化し、実施が困難な徴用の発動が検討されるようになっていた。それは前述のように労働力不足が深刻化していたという事情が大きい。ただし問題はそれだけではなかったことに注意しておかなければならない。

そもそも労務動員で配置される職場が賃金や待遇その他が恵まれたものであって、朝鮮で農業を続けるよりも有利であるのならば、いくらでもそちらで働こうとする朝鮮人はいただろう。だが、この段階では行政当局の強制なくしては動員計画の要員確保は困難になっていたのである。十分な農地をもたず高額小作料に苦しむ多くの朝鮮農民にとっても、労務動員の枠内で提示される日本内地の職場が魅力的なものではなかったのである。つまりは、それが劣悪な職場であるとの情報はかなり浸透していたということであろう。

この点はすでに朝鮮総督府の側も十分認識していたはずである。日本内地に送出されたものの配置された職場から逃走した朝鮮人が相当数いること、炭鉱労働への恐怖や待遇に対する不満から逃走するケースがあることはすでに労務動員開始直後から一部に伝わっていた。また、前述の一九四四年四月の道知事会議での政務総監訓示でも、日本内地における被動員者の「処遇改善方に付種々折衝を重ねてをる次第であります」との言及が確認できる。

労務動員に対する忌避の理由は動員先の待遇の劣悪さ以外にもあった。それは朝鮮に残された家族の問題である。日本内地に配置された朝鮮人労働者の家族呼寄せが進まなかったことはすでに述べた。しかも一九四二年二月の閣議決定では、「本方策に依り内地に送出すべき労務者は食糧、住宅、輸送等の実情に鑑み家族を携行せしめざるを例とす」との文言があった。もっとも従来通り扶養家族の渡航証明書の発給を認めることは朝鮮総督府と日本内地当局との協定で確認されていたから、少なくともそれ以前に日本内地に動員されてきていた者については家族呼寄せが認められる場合があったと見られる。ただ、彼らについても家族呼寄せがその後進んだことを示す資料は見当たらない。

そうしたなかで、働き盛りの男を奪われたまま朝鮮に残った家族が困窮に陥るケースが目立ち始めていた。むろん、仕送りが順調に送られてくれば朝鮮の家族の生活は成り立つはずであった。だが、実際には——動員先から逃走した結果として家族と連絡が取れなくなったということももちろんあるがそうでなくても——送金を受け取れないといった場合もあった(後述)。

また、動員先の労働で怪我をして働けなくなったり、あるいは本人が死亡したりしても、本人ないし家族が得られるのはせいぜい企業からの見舞金のみであった。なぜなら、日本内地の炭鉱等に配置されている朝鮮人はこの段階では徴用された者ではなく、したがって本人やその家族は国民徴用扶助規則の対象にはならなかったからである(朝鮮でも一九四三年九月に朝鮮総督府令第三〇九号として国民徴用扶助規則が出たが、扶助の対象となった朝鮮人はこの時点では軍属のみであったと見られる)。

このように労務動員された結果、残された家族が困窮する事例は、動員が拡大するにつれて朝鮮に広まり、それを見聞きした人びとも増えていったはずである。それらの人びとが動員を忌避することはあまりにも当たり前のことであった。

この点も朝鮮総督府は当然認識していた。一九四三年三月に開かれた各道社会課長事務打合わせ会では司政局長から、動員された「労務者の残留家族に対しましては援護上遺憾なきを期し以て之等労務者の士気振作に特段の工夫努力を払はれたい」との指示がなされている。またおそらく家族呼寄せの促進を求めた朝鮮総督府の折衝を受けて、一九四四年二月一〇日、「朝鮮人労務者活用に関する方策中改正に関する件」の閣議決定をもって、二年間以上の期間が経過して、さらに日本内地の動員先で働く者については家族呼寄せを認めることが確認されている。

4　劣悪な待遇と生産性の低下

朝鮮人の基幹労働力化

動員計画によって日本内地に送り出された朝鮮人は主には鉱山、特に炭鉱に配置されていた。一九四四年六月時点までの統計から、日本内地へ送り出された朝鮮人の総数の産業別配置数を見れば、炭鉱、金属山(炭鉱以外の鉱山)への配置はそれぞれ六二・〇%、一一・四%を占めていたのである。これ以外では土木建築が一八・七%、工場その他が八・二%となっていた。

これを日本内地側の各産業との関係でみると、いずれにおいても朝鮮人は労働力不足を埋める欠かせない存在となっていたことは確かであろうが、その重要性の度合いは異なる。一九四四年六月時点の内閣統計局資料によれば、正規の工業労働者のうちに労務動員された朝鮮人が占める割合は一％未満である。朝鮮人労働者導入を進めていたことが知られている業種でも、この比率はそれほど高くはない。例えば、鉄鋼統制会関係工場でも日本敗戦時の労働者数のうちの朝鮮人労働者は全体の四・九％にとどまっていた。

また土建業に関しては、詳しい統計はわからないが製造業に比べて朝鮮人労働者の比重は高かったことは間違いないであろう。ただし、一九四〇年の統計で日本内地の土建労働者は約九八万一〇〇〇人、労務動員で日本内地の土建労働現場に配置された朝鮮人は一九四四年六月段階までの総計が八万四四六八人であることを考えると、労務動員された朝鮮人が戦時下の土建工事の主力であったとは言い難いだろう(もちろん、労務動員以外で日本内地にやって来ていた朝鮮人で土建工事に就労するケースは相当に多く、それらの人びとも含めれば朝鮮人労働者が戦時下の土建工事の中心的役割を担ったということはできるかもしれない)。

これに対して、鉱山労働者では一九四四年六月時点で全体の二二・二％が労務動員された朝鮮人となっていた。これを炭鉱について見ると軍需省燃料局調査で労務動員以外の渡日者を含む統計であるが、朝鮮人労働者の比率は一九四二年から一九四四年にかけて、一五・〇％、二九・〇％、三三・〇％と上昇していた。もちろん、個別の事業場ごとにも違いがあった。一九四二年段階ではすでに五割程度が朝鮮人という炭鉱もあったとされる。

加えて今後も日本人からの労働力補充が見込めないなかで、各炭鉱は朝鮮人労働者を訓練して重要な作業を任せるようになっていた。行政当局としても炭鉱側に対してそれを指導していたことを『日本産業経済』一九四二年七月五日付は次のように伝えている。

炭鉱労務者不足の実情は半島労務者に対する依存度がますます高度となり内地へ坑夫の積極的充足はますます困難となりつつあるが、斯かる事態に対処し半島労務者のみをもつて予定出炭量を確保するやう特殊の半島労務者訓練が必要とせられてゐるにかんがみ燃料当局としては炭鉱業者の従来の内地労務者重点の観念をあらため速かに労務実情に即する労務対策の実施を要望してゐる。

すなはち現在までは半島労務者は主として後山《あとやま》または比較的容易な仕事にのみ振向け先山《さきやま》、ドリル夫、支柱夫などには使用せずまた積極的に訓練するごときはなかつたが、しかし最近はすでに半島労務のみをもつて一切羽を担当せしめなければならない事態に達してをり、また事実訓練次第で充分能率を上げ得ることが立証せられてゐる。一例を挙げれば住友鉱業赤平炭坑では三〇人程度の切羽に対し僅かに指導員として内地人が五人位居るので後は全部半島人で仕事をして居りドリルまで指導員がその箇所を指定さへすれば完全に使用し相当の好成績を挙げてゐる。

また炭鉱労働のなかで危険を伴う採掘の仕事である先山の労働者に朝鮮人が占める比率は一九四四年頃には六割程度になっていたと伝えられている(『東洋経済新報』一九四四年二月二六日号)。こうしたなかで、前述の協調会『戦時労働事情』は「旧来の観念は一変されねばならぬ。内地労力を主にして、半島労力を代替と考へた旧時の観念は速やかに払拭されて、現実を直視し、半島労力でもって増炭するといふ姿勢が整へられねばならない」と訴えていた。

契約期間の延長

今後も日本人からの人員補充が困難な見通しであり、しかもその存在が補助的な労働力でなくなったとすれば、すでに現在職場にいる朝鮮人が期間満了後に離職するということは企業にとってマイナスとなる。だが労務動員開始まもない時期に日本内地にやって来た朝鮮人たちは一九四二年頃から契約期間の満了を迎えつつあった。これに対しては当然、「雇傭期間二ケ年はあまりにも短きに過ぎ漸く熟練坑夫の域に達すれば帰鮮し新たなる労務者を充足する現情では増産能率上らずとしこれを少くとも一ケ年程度延長」(『日本産業経済』一九四二年一一月一五日付)すべきであるといった声があがった。

こうして企業は契約満了となった朝鮮人に契約期間延長を要望した。もちろん、積極的にこれに応じようとする者も稀にはいたかもしれない。しかし北海道立労働科学研究所が戦後に行った聴き取り調査で「契約期間は二年でそれで帰すのですか」という質問に対して、かつての炭坑の労務担当職員が「更新するんですよ。本人の希望によって。(笑声)」「「更新」だと強くいうのです」と述べていた(『石炭鉱業の鉱員充足事情の変遷』一九五八年)ことからうかがわれるように、ほとんどは強要によって契約更新がなされたと見るべきであろう。この点は、この時期に契約期間延長をめぐる紛争議についての報告が増えていることからも裏づけられよう。なお、北海道空知郡のある炭鉱で一九四四年九月に発生した紛争議では、朝鮮人労働者が三月の契約期間満了の後も、再契約を行っていないにもかかわらず労働させられていたことが原因となっていた(『特高月報』一九四四年一〇月)。形式的ルールすらもはや無視されつつあったのである。

また、再契約する場合に一時帰郷を認めてはどうかという提言も一部にあり(『東洋経済新報』一九四四年四月二九日号に掲げられた「半島労務者に対する帰休制を提案す」。付言すればこの論説は朝鮮人の動員について「二ケ年の契約期間が満了すれば再び居据る者が皆無」であり、「新規募集も殆んど強制的でないと仲々応募しない」とも述べている)、実際にそれを約束した企業も存在したことが確認できる。だがこれも実行に移されず、朝鮮人労働者の紛争議を招くケースがしばしば見られた。これは輸送の事情悪化も影響しているだろう。

もっとも労務動員政策が始まった当初の二年という契約期間は、何も最初から朝鮮人を騙そうとして設定されたものではなかった。しばしばそのように誤解されることが多いが、事実はそうではない。日本帝国政府としても企業としても、朝鮮人が日本内地や自分たちの企業に定着することを——特に戦争が終ったあとにまで雇い続けることを——望まないがゆえにこれは設定されたのである。ところが二年後になって契約期間満了後も労働を続けよという強要を行った。これは行動としては反対であるが、朝鮮人の意志を尊重せずに自分たちが必要な時に都合よく労働力を利用するという施策のあり方や発想としては同じものであったと言えよう。

減少しない逃走者

朝鮮人に対して基幹的な労働を担い、長期的に働いてもらいたいと考える企業にとって、大きな問題となっていたのは逃走の問題であった。契約期間満了時に職場にいた朝鮮人については無理やり契約更新を強要するにしても、かなりの部分が契約期間満了以前に逃走していた。日本内地への朝鮮人送出が開始から一年後の一九四〇年九月の調査でも、送出数六万五三四四人の一八・五％にあたる一万二〇七一人が逃走していたことが朝鮮総督府の会議で報告されている。逃走者の理由別内訳は、誘惑一九・八％、恐怖一七・七％、計画的渡航一二・四％、都会生活憧憬六・六％、待遇その他不平七・一％、転職四・九％、その他三一・四％となっている。誘惑や転職、つまり引抜きがかなり多く、最初から別な職場に逃走するつもりであったケースを指すと見られる計画的渡航も目立つが、やはり労働条件の劣悪さに起因する逃走（恐怖に分類されているのもこれに当てはまるだろう）は少なくない。

逃走に対しては企業側もさまざまな対策を講じたが、その数は減少しなかった。労働力不足を背景に一部の企業や土建飯場などは一方で労働者の引抜きをやっていたのであるから、これはある意味では当然であった。

こうしたなか、警察当局は一九四二年八月から九月にかけて、日本内地の事業場で就労中の朝鮮人（動員計画以外の渡日者含む）六四万三四一六人を対象に協和会員章チェックによる、逃走者および密航者の摘発を行っている。そこで発見された協和会員章不所持者は六万八四六八人であり、うち労務動員先からの逃走者と判明した者は六〇九八人であった。しかし、実際には逃走者であることを隠しとおした者や一斉調査自体を逃れた者も相当にいたと推測される。というのは警察当局による動員された朝鮮人の「現在調べ」での逃走者数はこれより多数なのである。一九四三年末時点の「現在調べ」では、朝鮮人の「移入者」数三六万六四六四人中逃走者が一一万八七三五人、したがって逃走率は三二・四％に達していた。

監獄部屋の活用

逃走を減らす上でも、そして労働者の意欲をかき立て、熟練度を高めて生産性を挙げていくためにもカギとなるのは労務管理のあり方であった。この点に関しては、すでに述べたように労務係が労働者を殴打するなどの暴力を伴っていたわけであるが、しかし同時に労働者への配慮がなかったわけではない。日本帝国と企業の目標は増産や収益の維持拡大であり、そのために必要とあれば、食料や作業着などの配給を増やすこともありえた。大手炭鉱では著名な歌手や朝鮮人劇団を招いての慰問演芸会も行っている。

だが、動員された朝鮮人の証言でより多く語られるのは、やはり暴力を伴う抑圧的な管理、労働するには十分とは言えない食事、長時間労働の強要などである。そして同時代に調査を行った研究者も、炭鉱においては暴力的な労務管理が存在していることを記録していた。しかもそれは古い慣行の「残存」というよりも、この時期に強化拡大の傾向を伴っていたとされている。

柳瀬哲也が行った一九四〇年一一月の北海道での調査によれば、「請負土工部屋を北海道全道の石炭鉱業に於て広範に充用せられ、時代の脚光を浴びて増産の最前線に立たしめられてゐる」状況があったことが記されている(『我国中小炭礦業の従属形態』(伊藤書店、一九四四年)。こうした監獄部屋の労務管理がいかに作業場の安全や労働再生産を無視した強圧的なものであったかは、柳瀬が調査で採録した次のような関係者の言葉からわかる。すなわち監獄部屋の管理者は柳瀬に対して、「我々は一般の土工や鉱夫に比較すれば、普通の土工仕事なら三倍、掘進なら倍近く、採炭なら三割位は余計に頑張ります。何しろ兵隊式で絶対に不平は云はせません。危険な場所でも思ひ切つてやりますから早い訳です。其の証拠に私の所の者が負傷を一番多くする」と語ったのである。

もちろん、動員計画で日本内地に送出された朝鮮人が(炭鉱が直接雇用する労働者の確保を申請していたわけであるから)、すぐに監獄部屋に配置されるケースはあり得ないと考えることもできよう。だが、この著書では「半島人の寮で成績の悪いものをタコ部屋にあづけて罰することがあります」と炭鉱の労務課員が述べたことも紹介されている。

しかも、そうした監獄部屋の実態を明らかにした上で、柳瀬はこの時期、近代的大経営の炭鉱も含めて、ある程度の人数をひとまとめにして軍隊組織の要素を取り入れた「労務管理の集団責任制の新しい形式の採用が、古い身分的従属関係を前提とする世話役制度的なものを基盤として、現実的足場を得つつある事実」があると記していた。つまり、監獄部屋同様の労務管理が企業内部の職員によって行われつつある状況が示唆されていたのである。

労働紛争議の変化

こうしたなかでこの時期、労務動員された朝鮮人の紛争議は引続き相当数発生していたが、一九三九〜一九四〇年（一九三九年中の朝鮮人労働者の配置は少数）の発生件数三三八件、参加人員数二万三三八三人という数字と比べれば一九四一年以降は減少していた。一九四一年以降の発生件数および参加人員数は特高警察の把握によれば、一九四一年に一五四件、一万一四三人、一九四二年が二九五件、一万六〇〇六人、一九四三年には三二四件、一万六九九三人である。一九四二年には増加に転じるが、しかし動員計画に基づいて日本内地に配置された朝鮮人労働者数自体が増えていたわけであるから、労働紛争議の発生率、参加率は当初に比べて低下していたことになる。

では、なぜそのような変化が生じたのであろうか。受入れ企業側の間で朝鮮人労働者に対する理解が進み、トラブルとなりうるような要因の除去に努めたことの影響はあるだろう。『特高月報』に記載のある、具体的な紛争議の事例でも、一九四一年以降は例えば契約と条件が異なるといったことで発生した紛争議の報告は減っている。

逆に目立つようになっているのは、中間的な管理者と見られる労務係や寮長らとの衝突であり、その際には、朝鮮人の飯場頭や通訳、同じ面から動員されたグループのまとめ役である隊長が関与している事例もある。そして、前述の統計データからは、紛争議一件あたりの平均参加人員が減少していることもわかる。その数は一九三九〜四〇年が六九・二人、一九四一年が六五・九人、一九四二年が五四・三人で一九四三年には五二・四人となっている。

ここから推測されるのは、なるべく多数の労働者が結束しないように、言い換えれば分断を図りながらの労務管理の工夫がなされつつあったことである。そしてそれは企業が一部の朝鮮人労働者を中間的に管理する立場につけて活用することで成り立っていたこともうかがわれよう。これには日本政府の指導が関係していた。官斡旋による朝鮮人労働者の動員では、朝鮮内において軍隊式の組織を作って送出の後、中央協和会策定による「移入労務者訓練及び取扱要綱」に基づき訓練が行われたのである。訓練部隊と呼ばれたその組織は四〜六班で作られ、班は二〜四組、組は五〜一〇人で構成されていた。こうした組織が訓練後の作業でも活用された可能性が高いだろう。

そして、これはそれ以前と同様であるが、労務係が朝鮮人労働者を殴打したことが紛争議の発端となった事例も目立つ。戦時期、あるいは日本帝国の時期全般を通じて上に立つ者が部下を殴るといったことは珍しいことではなかったであろうが、被動員者の証言では、統制維持や教化指導のためといったレベルではとうてい片付けられないような事例が確認できる。例えば全羅北道から北炭夕張炭鉱に動員された安正玉は「ちょっと休んでもみつかると石をぶつけられるんです。当たったところから血がでるのをふくと、そのぐらいなんだといってまたなぐるんです」と証言している(朝鮮人強制連行真相調査団編『朝鮮人強制連行・強制労働の記録　北海道・千島・樺太篇』現代史出版会、一九七四年)。

『特高月報』でも労務係による朝鮮人労働者殺人事件を契機にした紛争議についての記述が確認できる。一九四三年一〇月に発生した樺太庁西柵田村金山飯場での争議は日本人労務係五名が逃亡した朝鮮人二名を「隊員」(一緒に動員されて来たほかの朝鮮人と思われる)の前で私刑を加え、さらに梁につり下げ一名を死に至らしめ、もう一名に重傷を加えたことがきっかけとなっていた。また、一九四四年三月には福岡県の古河鉱業所大峯炭坑で窃盗および逃走容疑をかけられた朝鮮人が詰所で殴打された結果、死亡する事件も起こっている。付言すれば、この事件では炭鉱側がすぐに警察に連絡せずに対処を講じていたところ、朝鮮人労働者が詰所を包囲する騒ぎとなり、警官のみならず軍隊の出動によって鎮圧される事態が引き起こされている。

以上のような事例を見るならば、この時期の労働争議が相対的に少なくなっていたのは根本において暴力性を維持しつつ、労働者を分断しながら管理するノウハウを企業側が身につけていったためであったと思われる。前述の柳瀬が下していた監獄部屋のような労務管理が再び広がっているという観察はおそらく的確であり、そうした事態はその後も進行したのである。もちろん、この時点でも食糧配給での優遇といった宥和的な対応を追求した企業はあったであろう。しかし、戦争末期になって日本全体の物資の欠乏が広がると、それを実施しうる余地はなくなっていくことになる。

生産性の低下

以上のように労働力の確保や活用のためにさまざまな施策が取り組まれていたなかで、では軍需に関連する生産自体はどのような動きを示していたのであろうか。

一般鉱工業生産は一九四一年をピークとして減少傾向を見せていたものの、陸海軍兵器の生産はなおこの時点では増産を実現していた。これに対して、石炭は日中戦争開始後生産高を伸ばし、一九四〇年度に五七三一万八〇〇〇トンを記録した後、下落に転じた。しかし一九四三年度は前年を若干上回る五五五三万九〇〇〇トンの出炭を確保していた。

だが生産性はこの間著しく低下していた。石炭について見れば、労働者一人当たりの年間出炭数は一九三三年度の二二六トンをピークに減少しており、一九四三年度には一五〇トンまで落ち込んでいた。その要因は機械化の遅れや、新坑を開発しないままに、炭層が枯渇しつつあったような個所も含めて乱掘を進めていたことのほか、労働者の構成比の変化にもあった。増産のための増員や日本人炭鉱労働者の不足の補塡に当てられたのは、動員された勤労報国隊員や朝鮮人であり、したがって熟練労働者ではなかったためである。

しかも、この時点において炭鉱労働者は現員徴用されることもなかったので、日本人労働者の(正確には動員計画以外の渡日による朝鮮人も)移動は自由であった。職場を去った日本人のなかには相対的に熟練度の高い者が含まれていたはずである。

こうした状況の改善につながる変化はこの時点では存在しなかった。つまりは今後も出炭を維持していくとすれば、より多くの労働者を――生産性を考慮することなく、多少なりとも労働に堪えられそうであれば――炭鉱に連れて来るという方策をとるほかなかったのである。

帝国議会での議論

以上のようにして朝鮮人労働者の導入はこれ以降も継続されることになった。だが、日本内地側では、朝鮮人労働者をこれ以上増やすことに積極的な意見ばかりではなかった。むしろ日本人を一定比率確保すべきであるとの認識が広まっていた。これは一九四三年一二月召集の第八四回帝国議会の議論でも確認できる。

こうした主張は生産性の問題と関連していた。一九四四年二月二日の衆議院石炭配給統制法中改正法律案外一件委員会では、水谷長三郎議員が朝鮮人や勤労報国隊の比率の高まりに伴って、出炭能率が低下していることについて数字を挙げながら触れるとともに、「内地人の労務者を一定数に於いて確保することが絶対必要」と論じていた。

これとともに日本人の間での朝鮮人労働者増加については、単に生産性の問題以外の理由からの懸念も存在した。これは皇民化の度合いに信用がおけない、つまり日本帝国に対する忠誠心が十分ではない朝鮮人を多数、重要な職場に導入してよいのかというものであった。前述の水谷議員の質問がなされたのと同じ二月二日の衆議院決算委員会で、産炭地である福岡県選出の赤松寅七議員は、朝鮮人について「思想的に相当考へさせられる所がある」とし、「炭坑みたいな集団して地下で働いて居るものを無制限に内地人との比を構はないで多数やって宜しいかと云ふことに付て非常に懸念を持っている」と発言した。なお、同議員はその前日に開かれた別の委員会において「〔朝鮮から〕入ってくる者の時局認識の足らぬことは驚くばかり」「一〇〇人入って来る中で五人位しか大東亜戦争のあることを知らぬ」と述べ、皇民化運動の強化を訴えていた。

これ以外にも、帝国議会では日本内地で「社会的地位」を進める朝鮮人(労務動員以外の渡日者も含めて)と日本人との関係を懸念する発言がなされていた。一九四四年二月一日の衆議院戦時特殊損害保険法案委員会で今井嘉幸議員は次のように述べていたのである。

〔朝鮮人労働者の〕労働力は非常に強い為に、労働者として、各方面に於て喜ばれる場合もあります、又日本の労働者が是と競争致しましても迚も及ばない、例へば神戸の船の人足であります、日本人では米一俵到底担げない、盛りの人は戦争に行って居るからでもありませうが、已むを得ないで朝鮮の労働者を雇ひ入れる、それが容易《たや》すく担いで行ってしまふ、さうして賃金二〇円とか二五円とかやらなければ動かぬと云った状況が目の前に現はれて居るのでございます、兎に角日本労働者との間の問題もそこに起って来る、彼等は現在非常な金を持って居る、……隋て彼等の社会的地位が段々進んで来て甚だしきに至っては我々日本の内地人を馬鹿にして居ると云ふ態度を持って居る者がある……貯金を奨励致しましても貯金に応じない……経済違反に付きましても平気で……戦時意識と云ふものが少ないのであります。

このような質問や発言に対して、政府側委員はある程度の日本人労働者比率を確保しつつ朝鮮人対策を進めるべき旨の答弁を行っていた。水谷議員の意見に対しては、七割程度の日本人労働者の確保が望ましいとの応答があり、赤松議員に対して岸信介国務大臣は「なるべく半島労務者の数が少ないことが望ましい」ものの給源の関係から日本人の確保は困難であるとして、炭鉱での労務管理改善を進めることを約束した。また、赤松議員の治安上の不安については警察と十分連絡して「万一の場合に備へて居る」ことが語られ、今井議員の発言については協和会を通じて朝鮮人を指導するとの考えが政府委員から示された。

だがこうした議論が行われている時点では、すでに朝鮮人労働者の日本内地送出の大幅拡大の構想がおそらくほぼ固められていた。小泉親彦厚生大臣は、二月二日の衆議院決算委員会において、労務管理の改善や皇民化を進めつつ、「従来以上に多量の半島人移入を計画して居る次第であります」と発言していたのである。

第4章
広がる社会的動揺と動員忌避

日本内地行きの朝鮮人労働者の要員確保のための国民徴用令の発動を前にして刊行された，朝鮮総督府監修の解説書．民衆の不安を取り除くための援護措置などについて記されている．

1　戦況の悪化と動員の拡大

膨れ上がった動員計画

一九四四年以降の日本帝国は勝ち目のない戦争を持続することとなる。中国大陸では引続き点と線のみの支配のまま日本軍は釘づけにされており、太平洋上では日本海軍は主要な軍艦を失い、米海軍は重要拠点を確保しつつあった。こうしたなかで日本帝国の軍事動員はこの年には陸軍約四一〇万人、海軍約一二六万五〇〇〇人に達することとなる。

労務動員についても規模が膨張していた。八月一六日に閣議決定された一九四四年度の動員計画は、常時要員の需要と給源(供給)がともに四五四万二〇〇〇人であり、これは前年度の二倍近い数字となっていたのである(表17・18)。需要の内訳では、軍需産業が最も多くなっていた。新規需要増加数だけで一三九万二七〇〇人であり、表17に詳細を示していないが減耗補充要員数中の軍需産業関係は六七万八八〇〇人なので、軍需産業全体のこの年度の計画の需要数は二〇七万一五〇〇人になる。これより少ないものの生産拡充計画産業や、交通、国防土木建築、農林水産業等も無視できない数となっていた。つまりあらゆる産業について動員計画での要員確保が進められることになったのである。

これに対応する給源の内訳は前年度から変化を見せていた。この年度の主要な給源はこの段階では学校在学者となっていたのである。その数は国民学校高等科・中学・高等学校・専門学

表17　1944年度国民動員計画における「需要」(日本内地)

(人)

区　分	男	女	合　計
一般労務者	2,409,300	1,617,100	4,026,400
新規需要増加数	898,400	1,031,600	1,930,000
軍需産業	535,500	857,200	1,392,700
生産拡充計画産業	119,900	93,100	213,000
上記の附帯産業	5,700	18,700	24,400
生活必需品産業	400	14,400	14,800
交通業	103,000	32,700	135,700
国防土木建築業	130,900	8,900	139,800
農林水産業	3,000	700	3,700
その他の産業	0	5,900	5,900
減耗補充要員数	1,510,900	585,500	2,096,400
下級事務職員	0	107,200	107,200
新規需要増加数	0	0	0
減耗補充要員数	0	107,200	107,200
公務要員	14,200	55,700	69,900
新規需要増加数	7,200	20,800	28,000
減耗補充要員数	7,000	34,900	41,900
外地要員	132,500	20,000	152,500
新規需要増加数	132,500	20,000	152,500
減耗補充要員数	0	0	0
予備員及び商業従事者等の配置規正による女子補充要員	0	186,000	186,000
新規需要増加数	0	0	0
減耗補充要員数	0	186,000	186,000
合　計	2,556,000	1,986,000	4,542,000

典拠：内閣(閣議決定)「昭和十九年度国民動員計画需給数閣議了解事項トシテ決定ノ件」1944年8月16日

表18　1944年度国民動員計画における「供給」(日本内地)

(人)

区　分	男	女	合　計
新規学校卒業者	586,000	504,000	1,090,000
国民学校修了者	456,000	334,000	790,000
中等学校卒業者	130,000	170,000	300,000
学校在学者	1,133,000	920,000	2,053,000
大学高専在学者(理科系を除く)	60,000	20,000	80,000
中等学校３年以上(農業学校を除き各種学校を含む)	573,000	500,000	1,073,000
中等学校２年以下及び国民学校高等科	500,000	400,000	900,000
有　業　者	437,000	272,000	709,000
企業整備による転換者	70,000	73,000	143,000
男子就業禁止による転換者	16,000	0	16,000
男子従業者配置規正による転換者	225,000	0	225,000
動員強化による職域転換者	102,000	185,000	287,000
農業従事者	24,000	14,000	38,000
無　業　者	30,000	240,000	270,000
朝鮮人労務者	290,000	0	290,000
華人労務者	30,000	0	30,000
勤労報国隊	50,000	50,000	100,000
合　　計	2,556,000	1,986,000	4,542,000

典拠：内閣「昭和十九年度国民動員計画需給数閣議了解事項トシテ決定ノ件」1944年8月15日

校と大学あわせて二〇五万三〇〇〇人で給源全体の四分の一程度を占めた。新規学卒者も各級の学校卒業者一〇九万人が給源となっているので、在学者と学卒者で給源全体の七割程度を占めていたことになる。企業整備や男子の就業禁止および動員強化による職域転換者の給源は合わせて七〇万九〇〇〇人で、学校在学者より少なかった。なお、職域転換者の中には農業従事者の項目もあったものの、その数は三万八〇〇〇人にとどまっていた。日本内地農村に対しては、軍需産業等への労働力供給よりも農業生産の維持のための労働力確保がこの段階では重視されるようになっていたと言えよう。

これ以外の給源としては無業者が二七万人(そのうち二四万人が女性)、勤労報国隊一〇万人、朝鮮人労働者(史料では労務者)二九万人、中国人労働者(史料では華人労務者)三万人が計上されていた。朝鮮人労働者が給源全体に占める比率は六・四%とこれまでの計画と同程度である。ただし、男子のみに限って見れば一一・三%、在学者・新規学卒者を除く男子のうちでは三四・六%を占めていた。また前年度に項目としてあった日本内地在住の朝鮮人労働者はこの年度の計画には存在しないので、ここで言う朝鮮人労働者は朝鮮半島で確保すべき要員であると考えられる。この数は前年度より一七万人増となっていた。前年度まで相当な無理をして朝鮮側が日本内地に労働者を送出していたことを考えれば、朝鮮人に対する負担は限度をこえたものと言うことができる。

動員体制の強化

もちろん、日本内地においても給源枯渇が叫ばれるような状況のなかで、さらに職域転換等を進めて要員確保を遂行するには相当な困難が予想された。これを可能にすべく、これに先立って行政機構の再編強化を含むいくつかの措置が実施されていた。

すなわち一九四四年三月にはそれまでの国民職業指導所を国民勤労動員署とし、職員の増員を行った。この年五月時点の国民勤労動員署は五四〇ヵ所、職員数は一万一三三人となっている。同時に国民登録票の保管管理等を含む徴用関連の事務の一部を市町村長が分掌し、さらに町内会・部落会がこれに協力する体制も築かれた。

徴用の対象者も広げられていた。国民登録の要申告者はこの間の法令改正によって、一二歳以上六〇歳未満の男子および一二歳以上四〇歳未満の配偶者をもたない女子となっていた。また、一九四四年四月に主要な炭鉱は軍需会社法に基づく軍需会社の指定を受けた。同法および軍需会社法徴用規則は、軍需会社の従業者を若干の例外を除いてすべて徴用されたものと見なすことを規定していた。したがってこの時点で、ほとんどの炭鉱労働者は徴用されたこととなった。

徴用の拡大に伴う援護の制度も拡充された。一九四四年五月、政府は「被徴用者等援護強化要綱」を閣議決定、徴用による収入減となった者への埋め合わせの手当(補給)のほか、家族手当や別居手当の支給が実行に移された。これは国民徴用令に基づく被動員者のみならず、国民勤労報国協力令や女子挺身勤労令(一九四四年九月に制定された、女子挺身隊の動員について規定した勅令)での被動員者もその対象となった。

朝鮮においても動員の強化に向けた体制整備が求められていた。すでに一九四四年初頭、朝鮮総督府は朝鮮における徴用実施の方針を明らかにしていた。これに付随する援護措置も当然必要とされることとなる。前述の被徴用者等援護強化要綱では、外地においても内地に準ずる援護措置をとるとの文言が盛り込まれていたのである。

もちろん、朝鮮総督府としてもその準備を進めていたであろうが、一九四四年度前半においては目立った機構改編等は実施されていない。つまり職業紹介所の再編も増設もされないままであり、したがって引続き府邑面が労務動員行政の中心を担っていたのであった。

根こそぎ動員論批判

以上のような施策のなかで、一九四四年には日本内地では、二二万九四四八人について新規徴用が実施された。前年の新規徴用数より四七万人程度少ない数字である。動員計画の主な給源が学校在学者になっていたこととあわせて考えれば、これは日本内地の労働力が枯渇し、もはや徴用しうる人が得にくくなっていたという推測が成り立つ。

実際に、一九四四年以降、以前にもまして労働力の枯渇が言われるようになっていたことは確かである。女子の動員強化も議論され徴用同様の制度として法的裏付けをもつ女子挺身隊の結成、出動が行われるようにもなった。

こうしたことからこの時期の状況について歴史研究者はしばしば〝根こそぎ動員〟が実施されたと表現してきた。この言葉が喚起するイメージは、もはや政府は行うべきことを行い万策尽きてあらゆる人びとを働かせたというものであり、したがって国民すべてが厳しい労働についていたというものであろう。だが、同時代の史料に接すればわかることなのであるが、現実には根こそぎ動員が遂行されたという事実などどこにもないのである。

確かにこの時期、根こそぎ動員という言葉が持ち出されるようになっていたことは事実である。ただしそれは同盟国であるドイツでの徹底的な動員を指す言葉であり、日本の動員がそのような段階に入ったといった認識は存在しなかった。そしてドイツのような根こそぎ動員を行うべきだとの主張に対して、当時の世論では批判的な見解が目立っていた。

もちろんそれは、戦争遂行のための動員自体をやめるべきだということではない。軍需生産を遂行するためには、根こそぎ動員をいう前に行うべきことがある、言い換えれば、現状の動員体制に問題が多いことが指摘されていたのである。

具体的には、それは能率を高めるような労務管理が行われていないこと、賃金統制の難しい日雇労働者等の賃金が高騰し労務需給に影響を及ぼしていることや、一部の軍需産業については十分な労働力が配置されている一方で、労働者不足、特に熟練者を失って困難に直面している産業があるという非合理的な人員配置の問題などであった。労働者不足となっている産業は言うまでもなく炭鉱であった。逆に言えば、「過剰に陥るほど人を得た」とまで言われていた一部の狭義の軍需工場との間での労働力再配分や賃金についての統制強化を通じて、炭鉱労働力の確保を目指すという選択肢もあり得たと言えよう。だがこうした施策に力が注がれることはなく、炭鉱労働力の確保は、朝鮮人と中国人、勤労報国隊に依存して行われることとなる。

困難になる要員確保

朝鮮にかかわる動員は、この年度も動員計画に基づく日本内地への労働者送出以外にも行われている。労務動員に関しては朝鮮内の官斡旋が七万六六一七人、暦年の数字の可能性がある性格については不明の点もあるが道内斡旋が八八万八六一二人となっており、ともに前年より増加していた。軍事動員についても軍要員(軍属)送出が暦年で四万五四四二人とやはり前年より増加し、さらにこの年度より徴兵も実施されている。徴兵対象者の徴集は、計画数であると思われるが、陸軍の現役兵として四万五〇〇〇人、海軍兵として一万人となっていた。

こうした動員に加えてもちろん農業生産の増産も至上命題となっていたわけであり、しかもまだ援護施策も準備されていないなかで、この年度の前半には動員を忌避する傾向が広まり、要員確保に深刻な影響が出るようになっていた。労働者を得るために全羅南道霊光郡に赴いた北炭の労務補導員が出張報告として提出した一九四四年五月三一日付の書簡では、その様子が生々しく記されている。

まずこの郡では前年七月および九月に五〇人の割当があり「一〇〇％供出」を実行、さらに一九四四年度に入り軍要員一〇〇名を徴用で動員するとの割当を受けていたとされる。だが、指定日時に一二〇名の参集を命じたにもかかわらず参集した者は三六人、しかも彼らは「面にて強制的に連行せるもの」であった。にもかかわらずあくまで要員確保を追求して警察や面当局は次のような措置をとったことをこの労務補導員は記している。すなわち「郡警察、面に於ては予想外の結果に驚愕し更に一二〇名を急に各方面に割当ると共に郡庁職員九名警察署高等経済係員及面職員を総動員、寝込みを襲ひ或は田畑に稼動中の者を有無を言はせず連行する等相当無理なる方法を講し漸く二十二日の出発日に辛じて八十四名に対し令状〔徴用令書〕交付輸送」したというのである。

こうした状態となっていたため、この労務補導員は「当方〔北炭〕の送出は徴用と違う点よりして一〇〇％送出は期待できざるも八〇％の送出を念願、郡庁より八名の労務係を各面に派遣を乞い面職員及駐在所巡査と協力各部落に宿泊狩出しに努むる」などの「万全の策」をとった。にもかかわらず二一人しか集まらず、このためさらに郡庁、警察との打合わせを行い、各面の各部落に対して部落連盟理事長つまり国民総力朝鮮連盟の地域組織の責任者を呼び出し、万一割当の数の労働者を出せない場合は自己の家族の誰かないし本人が出動するよう申渡しを行い、

「逃走者」(青壮年の男子で身をくらましている者を指すと思われる)の家族を駐在所に呼んで行き先を追及した。だが、そのような措置をとって得たのは次のような結果であった。

二六日郡出発迄六四名より集合を見ず、内郡庁迄連行中逃走せしもの或は宿舎にて逃走せるもの等、簇生又は不具者或は老人(息子逃走身代りとして父親を連行せる者)病人等多数ありて結局四〇名の引継をなしたり、而して引継後に於ても送出に無理せりたる為家族等と郡職員及面職員との間に大乱闘あり労務主任、次席等は顔面其他を殴打され負傷する等の騒ぎあり、此間尚六名の逃走者を出し自動車に乗車せる者三四名となり、更に松汀里に於て四名逃走、三〇名となり、列車中にて一名逃走、麗水にて病気送還一名結局港出発二八名となりたり。

この事例は直前に軍要員の確保のための徴用があったという事情も影響していることは確かである。しかしこれ以外の郡についての同じ時期の労務補導員の報告を見ても、予定した人員が得られなくなっていること、割当地域からの労働力確保が厳しくなっていることを伝えるものが目立ち始めていた。もっとも北炭の労務補導員の本社宛報告でも「尚労力余裕あり」「見込みある」とするものもある。ただしその場合も逃げ隠れている者がいるといった状況に触れている場合がほとんどである。要するに無理矢理に連れてくるならば人はいる、ということにすぎない。

そして労務補導員の報告では面職員らが労務動員に非協力的である、熱意を示していないといった記述もしばしば見られる。前章で述べたように、官斡旋の要綱が出て以降、地方末端行政機構の職員らが積極的に労務動員の要員確保を進めざるを得なくなっていた状況は、充足率の高まりから考えて確かに存在していたはずである。しかし、やはり少なくとも一部には動員業務に消極的な者がいたことが確認されよう。

またそのことは彼らの置かれていた立場から考えれば当然のことでもあった。面職員らにとっては動員計画のための要員確保はよけいな業務の負担であるばかりではなく、危険を伴う仕事にすらなりつつあった。動員を避けようとする民衆の抵抗、動員によって働き手を奪われた家族の怨嗟は、人員を確保してその地域から離れる労務補導員ではなく、末端地方行政機構の職員に向けられたからである。実際に郡や面の職員が危害を加えられるケースが発生していたことは先の引用で見たとおりである。

内務省の実情把握

労務動員が相当な無理を伴うものになっていることは、関係企業や朝鮮総督府ばかりではなく日本内地の関係当局にも知られるようになっていた。植民地行政を管轄する内務省管理局は朝鮮の民情動向と地方行政の状況調査のためにこの年六月、職員を朝鮮に出張させている。翌月三一日提出された復命書には、労務動員の実情について「徴用は別として其の他如何なる方式に依るも出動は全く拉致同様な状態である。／其れは若し事前に於て之を知らせば皆逃亡するからである、そこで夜襲、誘出、其の他各種の方策を講じて人質的略奪拉致の事例が多くなる」と記されていた。これとともにこの復命書は民衆の労務動員忌避の背景やそれに関連して生じている深刻な問題を捉えて伝えていた。

まず地方末端の行政機構の動向については「戦局の進展に伴ひ色々と複雑な責任の負荷が多く……又此の複雑性の内容を彼等〔朝鮮人〕が理解し消化しえない」状況にあること、「本府の企画者は実際的経験」が乏しく、末端の職員は上級官僚の強調する割当の達成のみに全力を注ぐようになっていることを指摘していた。つまりは実情を無視した計画を上部が立て現場では上部の顔色をうかがって結果を出そうとするために無理が起こっているというのである。

また日本内地送出者を出した家庭が極度の生活困難に陥っている実情も述べられていた。動員された労働者の給与の送金は、「逃走防止策としての貯金の半強制的実施及払出の事実上の禁止等があって」十分になされず、「労務送出は家計収入の停止となるのであり況や作業中不具廃疾となりて帰還せる場合に於ては其の家庭にとっては更に一家の破滅ともなる」。しかも、勤労援護が不在であり、「土壌の瘠薄性と耕種法殊に農具の未発達、高率の小作料、旱水害、其の他各種夫役等の増加の多い今日に於ては全家族総動員して労務に従事し以て漸く家計を維持したる農民が戸主又は長男等の働き手を送出したる後婦女子の労働をして其の損失を補償代替更に進んでは家計の好転を図り得ないことは明白な事実」であることも復命書には記されていた。なお復命書の作成者は、慶尚北道の視察先で前年七月に子どもが北海道に動員されたという六三歳の女性が、子どもからの連絡も送金も得られないまま、「病気と生活難に因り殆んど瀕死の状態に陥っている実情を目撃」し、「残留家族の援護は緊急を要すべき」と訴えていた。

そして、労働力の余裕の有無については、「今日に於ては既に労務動員はもはや略《ほぼ》頭打の状態に近づき」つつあり「朝鮮内の労務給源は非常に切迫を告げてゐる」との評価を下していた。頭数だけを考えれば動員は可能であるが、女性のみが残る状態となり、「食糧増産上多大なる影響を及ぼすものとして憂慮」されると言うのである。

右の復命書は、内務省管理局内部で朝鮮統治の状況についての認識を共有する目的で作成されたものと見られ、したがって事実の誇張や歪曲を含むとは思われない。そこでの報告を読めば労務動員の続行自体が困難であり、さらに深刻な問題を生じさせるであろうことが理解されるはずであった。だが、これ以降も労務動員は続けられていくこととなる。

2　朝鮮における徴用発動

地方末端行政の負担

動員強化を図るために、朝鮮での徴用発動が検討され、一九四四年一月にはその方針が発表されていたことはすでに述べた。これ以降、朝鮮総督府では徴用にかかわる民衆教化を展開していった。その内容は、制度の概要のほか、国家の重要な業務を担う徴用が名誉を伴うものであること、いまや戦局は重大な局面にあり各自が与えられた職域で全力をつくすべきこと、女子は徴用の対象とならないことなどであった。女子徴用方針の否定は日本内地でも宣伝されていた。これは性的役割分業が破壊されるのではないかという不安を打ち消そうとしたものであった。朝鮮の場合も同様の意図があったことは確かであろうが、これに加えて民衆の間で軍慰安婦についての噂が広まっていたことへの懸念も関係していた。

労務動員行政については、一九四三年一二月の朝鮮総督府の機構改編で、司政局等が廃されて総動員関係の業務を担う鉱工局が発足し、労務課はそのなかに置かれることとなった。ついで一九四四年一〇月の朝鮮総督府の機構改編では鉱工局労務課を廃して、労働関係行政は勤労調整課・勤労動員課・勤労指導課が担当することとなり、労務動員行政強化のための勅任官が配置された。なお、道以下の地方行政機構でも労務動員行政の分掌の改編、職員増が行われた。さらに同じ一〇月、朝鮮総督府は政務総監を本部長とし、その他、総督府の関係部局と国民総力朝鮮連盟等の幹部を役員とする勤労動員本部を発足させている。これらは、徴用に伴う登録や調査、統制等の業務の複雑化に対応しつつ、援護を確実に行うことで、「絶対至上の国策」(政務総監談話の語)たる労務動員を実行しようとしたための措置であった。

これとともに勤労援護にかかわる施策も準備された。援護の実施は新たに設立された財団法人朝鮮勤労動員援護会が実施したが、もちろん援護の申請受付や措置の決定等、行政当局もそれに関連する業務を担当した。

だがこうした事務を第一線で支える機構には、この段階でも大きな変化はなかった。職業紹介所が増設されたわけではなく、大部分は府邑面が業務を担当したのである。だが、そうした体制で果たして徴用制度の運用が可能かどうかは、朝鮮内のさまざまな人びとが懸念していたようである。そうした懸念に対して、朝鮮総督府はこれまでの労務動員に大きな問題があったことを認めつつ、関係職員を増員することを述べて徴用実施に向けた民衆教化に努めた。朝鮮総督府鉱工局監修のもとに刊行された『国民徴用の解説　質問にこたへて』には次のような一節が含まれる。

問　今のやうな府邑面の状態では、大事な勤労行政をやる上に於て手落が多いのではないでせうか。

答　現在第一線の勤労行政機構は非常に不十分です。そのため多忙にまかせて民衆に対して不親切になるきらひがあったわけです。それで今後の動員を強化するためにはどうしても増員の必要がありましたので、先般全鮮に亘つて郡、島及び邑面、職員を大増員しました。又府や道にも出来るだけ職員を増やす措置を採つたのです。

残念ながら、右の史料で述べられている関係職員の人員増の具体的な数字は不明である。そして人員を大増員したとしても、徴用の実務を専門的な労務動員行政機構が担っていた日本内地とは条件の違いが存在していたと言うべきだろう。

改善されなかった待遇

徴用された者を受入れる事業場はそれに相応しい、労務管理に遺憾のない体制をとる必要があった(炭鉱への徴用が行えなかった理由がそこにあったことはすでにのべた)。そして日本政府は軍需会社として指定された炭鉱等の企業に対して、「勤労管理に関し必要なる命令を為すこと」(軍需会社法施行令第九条)が可能であった。もちろん朝鮮総督府としても要員確保を少しでも円滑に進めるために労務管理の改善を日本内地側に要望していた。

しかし、日本敗戦に至るまでの時期に、つまり朝鮮人労務動員の終結に至るまで、抜本的な労務管理の改善が図られた事実は伝えられていない。物資や食糧が不足していく戦争末期に労務管理の改善を行いうる条件はなかったと見るべきだろう。

特高警察把握の紛争議件数および参加人員数は、一九四四年については一月から一一月までしか確認できないが、その数は三〇三件、一万五二三〇人で、前年とそう大きな増減は見られない。ただし、『特高月報』に記されている紛争議の記事では、食糧への不満が要因となっているものが目立つようになっている。紛争議が起こった労働現場で一日に配給されるコメの量はこの時期には五合から四合八勺であり、翌年には二合八勺にまで低下している。これは事務労働者よりは多いが、労務動員が始まった直後に受入れ企業関係者が、朝鮮人労働者の場合、七～八合の食事をとることを語っていた(それだけ与えていた企業が少なくとも一部に存在した)ことをふまえれば、食糧が不足していたことは間違いない。このほかに、地下足袋の破損を理由に稼働が不能であることを訴えたケースもあり、物資の不足が深刻化していることがうかがわれる。

日本内地送出の朝鮮人と朝鮮に残された家族との連絡についても、さまざまな問題が生じていたが、これも改善されたとは言いがたい。家族の不安を解消する必要に迫られた朝鮮総督府は、家族の呼寄せの実現や期間延長を行わないことや就労先変更の明示を日本内地の関係者に求めた。このうち、就労先変更の明示については改善が見られたとされるが、家族の呼寄せは実行に移された形跡がない。輸送事情も悪化しているなかでほとんど行われなかったと見るべきだろう。期間延長については朝鮮総督が「今後絶対に期間を更新しない」と約束したとされるが、実現した事実は確認できない。逆に『特高月報』を見れば、期間満了にもかかわらず雇用延長を強いられたことへの不満や、再契約の条件としていったん約束させた一時帰郷の実施を要求する紛争議の発生についての記事が散見される。

ただし朝鮮人が多大な負担を強いられ、日本帝国の施策への不満を募らせていることに対して、為政者が何もしなかったわけではない。その点について敏感に感じ取っていた為政者は、朝鮮人・台湾人の「処遇改善」案を取りまとめ、その内容を一九四四年一二月に発表している。これは朝鮮・台湾での衆議院選挙の実施や義務教育の施行、差別的待遇の改善などを含むもので当局は画期的であると自画自賛した。

もちろん、この施策はそれによって離反しつつある朝鮮人・台湾人の民心をつなぎとめ、戦争協力を引き出そうという意図から行われたものであった。だが動員の影響を受けて困窮者を多数出すようになっていた朝鮮民衆の間で、それがどの程度の効果をもったのかは疑問というほかない。

徴用忌避と抵抗

一九四四年八月八日、日本内地で使用すべき朝鮮人の要員確保促進のため新規徴用を実施するとした「半島人労務者の移入に関する件」が閣議決定された。これを受けて翌月からそれまで軍雇用の例外的なケースに限られていた朝鮮での徴用の本格的発動が始まった。日本内地への労働者送出については、これ以降、厚生省と朝鮮総督府の協議でその数を決定し、割当を受けた府邑面が徴用銓衡を実施した上で対象者に令書を交付して行う形式に移行した。ただし徴用発動以降も官斡旋によって要員確保が行われた場合もある(その理由は明確ではないが、やはりこれも面レベルの行政機構の体制が整っていなかったことが影響しているかもしれない)。徴用された朝鮮人の使用を希望する企業は事前に申請書を提出し、指定された場所で必要な労働者を引継ぐことになっていた。北炭の場合を史料から確認すれば、釜山港の北炭駐在員事務所が指定されている。

朝鮮での労務動員が徴用発動という新しい段階に入ったことに対して、行政当局や企業の側は民衆心理への影響を懸念していた。だが、朝鮮社会に大きな動揺が走った様子はうかがわれない。もともと官斡旋にせよ募集にせよ、実態としては上からの命令での動員には変わりなく、民衆にとっては徴用と違いはなかったためである。

この点については、徴用実施後の朝鮮農村を訪れた北炭の従業員による視察報告がある。それによれば、徴用が多少衝撃を与えたのは工場方面に徴用されることになった「比較的有識層」、すなわち「小学卒業程度以上にして平和産業或は自由業に従事しありしもの」であって、人口の大部分を占める農民や日雇い労働者に変化は見られなかった。彼らは「従来よりも送出の対象となり居り官斡旋に於ても事実上強制的に送出せられ居りたれば今更衝撃を受くることもなし只後者の間には「貧乏なもの、力のないものから内地にゆかなければならない」と云ふ諦めに似た不満がある」と言うのである。

もっとも、朝鮮民衆は諦めて無抵抗でいたのではなかった。徴用が自分たちの生活の破壊につながりかねないと見ていた人びとは必死の抵抗を試みていた。徴用の対象となり得る青壮年男子は身を隠そうとする者も出始めていた。なかには、面職員が徴用対象となる面民を引率し山中に隠れようとして警官に見つかり衝突するといった事件の発生すら報告されている。あるいは、徴用令書の交付を受けてもあくまで動員を拒否しようとする者もいた。令書を交付された者六名が逃走を企図して引率の警官を殴打し逮捕されるといった事件も起こっていた。もちろん、命令を受けても出頭しなかったり、適格者として選ばれないように工作したりするものも後を絶たなかった。

もちろん、さまざまな方法を用いた徴用忌避は日本内地でも行われていた。だが、この時期の朝鮮の徴用は出頭した場合に銓衡から外れることが難しくなっていたと見られる。その理由は適格者が少なくなっていたことにあった。例えば日本内地の工場に配置予定の一〇〇人の被徴用者確保を目的に行われたある銓衡の事例では、出頭者二七四人中適格と判断された者は九一名にすぎなかった。これはもはやその地域に残っていた男子の多くが老人や病弱者等で、重労働を担いうる者を見出しにくくなっていたためであろう。そして徴用令書の交付は九一名のみに対して行われたのではなく、一二〇名に対してなされていた。つまりは、いったん不適格と見なされた者であっても徴用されるといったことすら行われるようになっていたのであった(予定の人員より令書の交付が多い理由は不明)。

このような徴用の実施によって、もはや労働力を供給する余力などないと考えられていた朝鮮から日本内地への労働者の送出が進められた。徴用実施以降ないしは一九四四年度のみの統計は不明であるが、大蔵省管理局編『日本人の海外活動に関する歴史的調査』にはこの年度と一九四五年六月についての「割当総数」と「渡航総数」の数字が掲載されている。それによれば前者は三七万二七二〇人、後者は二九万六三〇四人、この数字から算出される充足率は七九・五%となる。これは官斡旋が始まった一九四二年度とその翌年度の一〇〇%には及ばないものの、募集段階の数字を上回る。要員確保が困難になる条件が加わるなかである程度の高い充足率を記録した背景には、本人の意志を無視する動員の増加があったことは明白だろう。

3　機能不全の援護施策

朝鮮での援護会設立

結局のところ、徴用実施後の朝鮮での要員確保はより強圧的要素を帯びていった。しかし労務動員を少しでも円滑に進めるための政策的努力が何も行われなかったというわけではない。すでに述べたように動員先での労務管理や処遇を改善するように朝鮮総督府は働きかけを行っていた。これとともに朝鮮総督府は、残された家族の生活不安を取り除くことで被動員者が「後顧の憂いなく」動員先に赴く条件を整えようとした。こうした措置、つまり援護施策は徴用の発動に合わせて制度が整えられたのである。

もっともそれは本来であれば、もっと早い時期に、さらに言えば朝鮮人にこそ手厚くなされるべき政策であった。徴用発動以前の動員も国家の樹立した計画にそって重要任務を担っているということには変わりなかった。しかも日本人の場合は、自宅から通勤可能で扶養家族がいない者を優先して徴用対象者の選定を行ったとされる(もちろん次第にそうした条件に合致する者は得がたくなっていたにせよ)のに対して、朝鮮人の動員は家族との別居を強いるものであり、そのことによって生計の維持が困難になる事例があった。にもかかわらず、徴用によらずに動員された大部分の朝鮮人とその家族は(軍需会社法等の適用による現員徴用――これは重化学工業では一九四四年一月、炭鉱等では同年四月――以前には)、国民徴用扶助規則の適用対象にもならなかったし、国庫の支出に基づく家族手当や別居手当の給付を受けることもできずにいたのである。

これに対して前述のように一九四四年五月の閣議決定「被徴用者等援護強化要綱」において植民地での援護施策の実施が盛り込まれ、朝鮮での勤労援護の準備が進められることとなった。そして九月には朝鮮での勤労援護施策を担う財団法人朝鮮勤労動員援護会が発足した。同会は朝鮮総督府鉱工局労務課に本部を置き、各道に支部、府郡島に分会、邑面と京城府内の各区に支所を置き、政務総監を会長、道知事を支部長、府郡島の長を分会長とする朝鮮総督府の行政機構と「表裏一体」の組織であった。なお、運営の財源には通常会員(被動員者の受入れ企業)が拠出する会費および国庫の補助等が当てられた。

同会は被動員者にかかわる補給や動員に伴って困窮する世帯への応急援護の事業を実施した。このうち前者は動員による収入減少分の補塡である基本補給と別居手当＝特別補給の支給の二種類があった。特別補給は一律一五円の支給と決められていたが、基本補給については面長等が証明する従前収入額申告書をもとに金額が査定された。そして日本内地に送出された朝鮮人の家族へのこれらの金銭の給付は、企業による朝鮮勤労動員援護会分会への送金を受けて行われる手はずとなっていた。一方、応急援護は主たる家計の担い手の動員によってその日から困窮しかねない者について、一ヵ月分程度の生活費を支給する措置である。これに関しては、申請に基づき調査の上で決定され、朝鮮勤労動員援護会が支給手続き等を担当した。

これらの援護の受給資格は徴用された者とその家族のみならず、官斡旋によって日本内地に送出された者とその家族にも付与された(このことは官斡旋が徴用同様、国家的な重要性を持つ動員であったことを裏づけている)。また募集で日本内地に送出された者の多くは炭鉱に配置されており、軍需会社法適用の炭鉱の労働者の大半は徴用されたと見なされていたので、動員計画で日本内地に送出された者とその家族のほとんどは制度的には援護の受給資格を持つことになったわけである。

援護の遅れとその原因

だが、制度が構築されたことと実際にそれが効果的に運用されるかどうかは別の話である。では運用実態はどうであっただろうか。この施策について大蔵省管理局編『日本人の海外活動に関する歴史的調査』は「極めて円滑を欠き政府に対する更に新しき不信の声となつて遂に終戦となつた」と記している。要するに実効性を持ち得なかったのである。

そうした結果を引き起こした理由として同書は「空襲に伴ふ通信の不円滑又は援護機関の末

端不整頓」を挙げている。これは間違いではないにせよ、十分な説明ではない。

まず援護施策の不徹底という結果には、受給資格を有する者を含めてその制度がよく知られていなかったことが関係していた。援護の実施については、国民総力朝鮮連盟を通じた広報と手続きの協力の呼びかけ、新聞やラジオを通じた制度解説等が行われた。だが、新聞やラジオに接することのない大多数の朝鮮人はもちろん、翼賛組織の活動が不活発であった地域などで制度発足後も援護のなんたるかを知らないままの朝鮮人は珍しくなかった。

さらにもし、援護施策について被動員者の家族が知ったとしても申請を行い得たとは限らない。朝鮮に残っていたのは女性や老人であり、申請書類の作成の能力をもたないケースがむしろ多かった。もちろん識字能力のある者が手伝うとしても生活状況や収入についての説明を行う書類の作成は容易ではなかったと推測される。

そして申請を行ったとしても受給決定まではかなりの時間を要した。申請受理後、府邑面が書類を送って朝鮮勤労動員援護会の審査を経て受給が決定されるまでには、三、四カ月、遅い場合には半年がかかると言われていたのである。これは手続き処理自体が煩雑であり地方行政機構の事務処理能力では対応できなかったためであろう。

これ以外に、朝鮮勤労動員援護会会員、つまり動員された朝鮮人を雇用する企業側のサボタージュの問題もあった。国庫の補助があるにせよ会の事業は会員たる企業の拠出金＝会費がなければ十分に行い得ない。だが、会費の徴収は法的な強制力の裏付けがないため、当時の経済誌によっても会費の「納入不振」が問題視されるような事態が生じた。また日本内地の企業からの補給の送金も、一九四五年三月末時点で予定額の一〇％程度にとどまっていたと言われていた（『大陸東洋経済』一九四五年四月一五日号）。

何カ月もかかって受給決定がなされるような施策では意味をもたないことは当時の朝鮮総督府の担当者も認めていたが（『毎日新報』一九四五年四月一九日付）、たとえ受給が決定されたとしても、お金を得ることができないケースが相当あったわけである。援護施策は制度と事業遂行のための団体を作ったものの、煩雑な事務を増やしただけに終わったのである。

厚生省の実情把握

朝鮮における動員忌避がますます強まっており、その背景に援護施策の不備などの問題があることは、日本内地在住朝鮮人への社会政策や労働者の処遇、労働条件にかかわる行政の責任主体である厚生省も把握していた。一九四四年一二月、勤労援護事務打合わせのために朝鮮に出張した事務官は翌年一月、厚生省勤労局長宛の復命書でその実情を報告していた。

まず復命書は朝鮮人が日本内地への渡航を忌避する傾向が生じていることを述べ、その原因として四つの点を指摘していた。四つの点とは、補給・給料等の家族への送金が僅少ないし皆無であること、音信不円滑で安否不明となるケースがあること、期間満了による帰郷の期待が裏切られたこと、労務管理の不備であった。そして、補給についてはその事務処理が困難であることを指摘し、次のようなある面の職員の言葉を紹介していた。

面の労務係は動員が手一杯です。面の人々は徴用を嫌つて労務係を仇敵の様に考へてゐます。昼間は何処かへ逃げかくれて判らない。夜行つて本人に（徴用令書を）手交せねばならんのですが袋叩きにされたり刃物を突きつけられたり命がけです。兎も角割当てられた数字だけ供出するのですが、詮衡《ママ》の上徴用令書を渡し釜山で引渡すまで逃亡しないこと丈が気懸りです。従前収入額申告書も一々私の方で書くことは到底出来ませぬ。人に傭はれてをるものは傭主に、親戚知人で字を知つてゐるものがあればその者に書いて貰ふ様にさせ持つて来た者に判を押すだけで一々内容を吟味する様なことは出来ません。

なお、このことを語った職員の務める面は人口約二万五〇〇〇人で、その面長の談によれば管内の「女子は全然文盲、男子青壮年の七割は文盲」とのことであった。

また、日本内地の朝鮮人受入れ工場側の朝鮮勤労動員援護会会費等についての扱いに問題があることにもこの復命書は触れていた。大阪のある鉄鋼工場や下関の輸送関係の事業場は朝鮮勤労動員援護会の会員加入申込書を九月に受付けて一二月まで未処理、別な鉄鋼工場では会員加入申込書と会費について、やはり放置したままにしていたことが記されていたのである。

しかも、厚生省勤労局の簿冊に綴られている朝鮮勤労動員援護会の文書によれば、一九四四年度の会費収入は予定の半額程度にとどまった。このため、同会では援護の手当を支給しようにもできない状態となっていた。朝鮮における動員総数の五割以上の世帯で必要とされると見なされていた応急援護、つまり働き手が動員されることで、その日から生活困窮しかねない家庭への生活費の支給すら、各支部要求の三分の一程度しか実施できていなかったことを同会は認めていた。

以上のように援護施策は機能せず、それゆえに朝鮮民衆の動員忌避はますます拡大していた。そしてもはや事態を改善しうるような新しい施策や制度の修正もおそらくあり得なかった。だが、朝鮮人労務動員はこの時点でも終結にはならなかったのである。

第5章
政策の破綻とその帰結

『京城日報』1945年12月8日付記事に付された戦時中の朝鮮を振り返った絵の一部．同紙は朝鮮総督府の御用紙であったが，解放後，朝鮮人が編集権を掌握してしばらく発行が続いた．

1　本土決戦準備と動員継続

崩壊過程の生産体制

この間、戦局は日本帝国にとって不利なまま推移していた。そして制海権の喪失による輸送の途絶と日本本土への空襲を受けて戦時経済自体が崩壊に向かうことになる。一九四五年に入ると空襲によって工場の稼働自体が困難となるケースも出始めた。さらには物資食糧も不足するなかで、ヤミ物資の買出しを行う労働者の欠勤も多くなっていく。

だが、勝ち目のない戦争はその後も続けられた。この過程では、空襲を避けるために工場や軍関係施設の地下移設、疎開が行われた。また、本土決戦に備えた日本内地での軍事基地建設も各地で進められることとなった。そのための労働力を確保すべく、次項で見るように動員計画は、通年ではないものの一九四五年度も策定されることとなる。

労務動員を遂行するための法令としては、一九四五年一月に軍需充足会社令が出され、軍需物資生産以外の事業を営む企業であっても、軍需生産に関係する企業について政府が指定したものについては、軍需会社法の一部が準用されることとなった。土木建築業、港湾運送業の企業も指定をうけ(七月)、そこに雇用されていた朝鮮人労働者は徴用扱いとなった。ついで三月には国民勤労動員令が公布施行となった。これは国民徴用令、国民勤労報国協力令、女子挺身勤労令などの各種動員関係の勅令を統合したものであった。同令は動員のための手続きを簡素化し、同時に地方長官の判断で特定の個人を指定する事業場に配置することを可能としていた。地方長官の権限が強まったのは、本土決戦のなかでそれぞれの地域が状況に即応して戦闘を続けることを想定したためであった。

給源の裏づけなき計画案

一九四五年度の動員計画の詳細はどの程度の詳細な計画が準備され、決定されたのかも含めて不明である。ただし、『労働行政史』に第一次分とされる需要数と供給数が記されている。このほか、逓信省の労務動員関係書類の簿冊中におおよその案について伝達している文書が残っている。

前者については第一次分というのが何カ月分であるのか不明であるが、その数は、需要数三八九万三九五六人、供給数三六九万八九七六人となっており、これだけでも一九四三年度分を一〇〇万人以上上回っている。学生の労働も含むとはいっても動員の規模は縮小されていなかったことが確認できる。

表19　1945年度国民動員計画における需要(日本内地)

(人)

種　別	人　数	備　考
減耗補充	2,700,000	軍動員の補充を含む
農業要員	2,000,000	低学年の動員を主とす
輸送通信	400,000乃至500,000	動員し得るか否か疑問とす
合　計	5,100,000～5,200,000	

典拠：1945年4月9日付庶務課長「昭和二十年度第一，四半期勤労動員計画策定要領ニ関スル件」.

後者は一九四五年四月九日付庶務課長の通牒「昭和二十年度第一、四半期勤労動員計画策定要領ニ関スル件」がそれであり、そこに記された一九四五年度の動員計画の内容は次のようであった(表19・20)。まず、需要は、減耗補充二七〇万人、農業要員二〇〇万人、輸送通信四〇～五〇万人で、計五一〇～五二〇万人とされていた。これに対しての給源は新規学卒者(これはすでに動員済みと見なすことが記されている)が六九万九〇〇〇人、学校在学者が二四四万人、有業者四八万人、無業者八万人、「外国外地労務者」が四〇万人で合計四〇九万九〇〇〇人である。

もちろんこれは計画の素案ということであろう。動員計画は早い場合は五月、遅い年では八月に決定されていたことを考えるならば、関係部局と調整しながら需要を絞り込むことになっていたとも考えられる。そうした事情があったかもしれないが、需要が給源を一〇〇万人以上上回っているというのは異常なことであり、もはや計画とすら言えない内容であった。

そして内訳についてみれば、給源において「外国外地労務者」

表20　1945年度国民動員計画における給源(日本内地)

(人)

種　別	男	女	合　計
新規学校卒業者	341,000	358,000	699,000
うち国民学校卒	292,000	266,000	558,000
うち中学校卒	50,000	91,000	141,000
学　　徒	1,240,000	1,200,000	2,440,000
うち高学年	140,000	100,000	240,000
うち低学年	1,100,000	1,100,000	2,200,000
有業者(徹底せる企業整備による)	150,000	330,000	480,000
うち公務自由業	60,000	140,000	200,000
うち商業	60,000	140,000	200,000
うち家事□その他(娯楽銀行等)	30,000	50,000	80,000
無 業 者	20,000	60,000	80,000
外国外地労務者	400,000	0	400,000
合　　計	2,151,000	1,948,000	4,099,000

典拠：1945年4月9日付庶務課長「昭和二十年度第一，四半期勤労動員計画策定要領ニ関スル件」.
注1：新規学校卒業者は「すでに動員済とす」とされている.
注2：国民学校卒と中学校卒の合計が新規学校卒業者の数と一致しない部分があるが原表の通りである.

への依存が高くなっていることが特徴となっている。特に男子の給源は、有業者一五万人、無業者二万人に対して「外国外地労務者」四〇万人である。日本人の青壮年男子の兵士としての動員が前年よりもさらに増えていた(一九四五年時点の陸海軍の兵力数は約八二六万三〇〇〇人)なかで、重労働を担う者については日本人からの供給を予定できなくなっていた事態に対応したものであろう。「外国外地労務者」に含まれるのはもちろん、中国人と連合軍捕虜、朝鮮人である。そして連合軍捕虜はすべて動員したとしても数自体が少なかったことを考えれば、大部分は中国人と朝鮮人、特にこれまで多く使用し要員確保のシステムが存在していた朝鮮人を多数使用していたことは間違いない。

なお、朝鮮人の日本内地送出の統計は第一・四半期についてのものが『日本人の海外活動に関する歴史的調査』に示されている。それによれば計画数は五万人である。

要員確保の追求と混乱

一九四五年以降も朝鮮内の労務動員や軍事動員も引続き実施されていた。前者については官斡旋が一九四五年度に四万四二六三人、道内動員数は不明である。後者に関しては軍要員送出が四万七九四九人、兵士の徴集は陸軍四万五〇〇〇人、海軍一万人となっている。もちろん、会計年度にせよ暦年にせよ一九四五年にかかわる統計は、少なくとも八月一五日以前までの数字である。

すでに末端地方行政機構の職員が民衆の命がけの抵抗に直面しながら遂行している状態となっていた日本内地への労働者送出はそれでも行われた。一部に、下関釜山間の通常運航がストップした三月以降は朝鮮人労働者の日本内地への送出が行われなくなったとする資料もあるがこれは事実ではない。

では、敗戦直前の時期に日本内地に送出された朝鮮人はどれくらいの数になるのだろうか。

『日本人の海外活動に関する歴史的調査』によれば、一九四五年度の第一・四半期の送出数は一万六二二二人となっている。したがって、計画数に対する充足率は二一・二%となる。充足率が大幅に低下していたのは、これまで述べて来た朝鮮社会の状況を考えれば不思議はない。むしろ、この段階になっても三カ月の間に一万人以上の要員を確保し送出していたという事実に驚かされる。

この過程では、やはり本人ならびにその家族の意志に反した要員確保が行われたことは間違いない。しかも、割当てられた数字を充たすことが至上目的とされ――おそらくそれはそれ以前からあったことであろうが――生産増強への寄与にならないどころか、むしろマイナスとなるようなことすら行われていた。病弱者らを送出し、事業主がその人物を朝鮮に送り返すことが問題化していたのである。

さすがにこうした事態をなくそうという動きもあったようである。朝鮮総督府が「六月末からは府郡島に徴用適格審査調査委員会を設置して数よりも質本位の生産戦士確保送出の方針を決めた」との報道を確認することができるのである(『毎日新報』一九四五年五月二五日付)。しかしその後も割当てられた人員数の確保が何より重要であるかのような施策は続いた。

といってもこの段階で充足率を上げるための何か効果的な方法があったわけではない。とり得る手段としては、せいぜい、徴用逃れで隠れている朝鮮人男子の発見に力を注ぐとともに、彼らが出頭するように仕向けるといった程度であった。実際に一九四五年度に入って、警察による一斉取締りと検束者の留置場からそのまま輸送列車への送込み、あるいは逆に出頭して徴用に応じれば罪に問わないと言った呼びかけがなされたりしている。だが、それでも十分な効果をあげられなかった朝鮮総督府は六月二〇日、「徴用忌避防遏取締指導要綱」を決定することとなる。この要綱には「徴用を忌避する人がいたら、その家族、親戚、愛国班員の中から、代わりに人を出して送らなければならない」旨の指示が含まれていた。なお、七月三〇日に開かれた第二六回中枢院(朝鮮総督府に置かれた朝鮮人有力者の諮問機関)会議での、鉱工局の事務報告の草稿ではこの指示と思われる徴用忌避対策について「実施しつつある」との文言が見える。

一方、援護施策を機能させるための努力もなされた。援護措置の決定についての事務手続きが簡素化されるとともに、特別補給(別居手当)については七月以降、日本内地の企業からの送金を受けてではなく、朝鮮勤労動員援護会が直接支給することとなった。また、実現したかどうか不明であるが、一九四五年度からは邑面に援護関係の専任職員一八〇〇名増員の計画があったとされる。

だが、困難に直面していた被動員者の家族に援護が行き届くようになったことを伝える史料は確認できない。そして前述の中枢院会議に向けて作成された朝鮮総督府鉱工局の報告草稿では、援護施策について「官に於て諸般の施策を講じ十分努力致しましても其の物的精神的の援護には自ら限界があり、尚事柄の性質上個々の家庭につき真に行届いた援護の手を差延すことは事〔実〕上困難」であり、「一般民衆□盛り上る道〔義〕的協力」「隣保相助の美風の発揮に期待」するとしていた。国策遂行の重要任務のために動員された者の家族への援護という行政当局の責任は放棄されていたのである。その一方で、先に見たように本人が不在であれば家族や親戚から代替者を出せといった、近代国家では一般的にはあり得ない指示も出しつつ、行政当局の要員確保追求は敗戦まで続けられたと見られる。

敗戦直前の民族関係

以上のようにして戦争末期に至るまで朝鮮の労務動員は止むことがなかった。その結果日本内地の事業場に配置された朝鮮人も含めた、日本内地在住の朝鮮人人口は、第一章で紹介したように約二〇〇万人にもなっていた。

増加を続け日本社会のなかで重要性を高めていた朝鮮人に対して日本人が抱く感情は必ずしも良好なものではなかったことはすでに触れた。このような状況は戦争末期に至っても改善されることなく、むしろ日本人の朝鮮人認識は悪化していた。

敗色が濃くなるなかで、日本人はしばしば朝鮮人に疑いの目を向けるようになっていた。空襲の際に朝鮮人が米軍機に手を振ったとか、彼らは日本の敗戦を望んでスパイ活動を行っているといった噂が――実際にはスパイ活動での朝鮮人の摘発は確認されないにもかかわらず――流布しはじめていたのである。また、ヤミ商売への関与や軍需工場の経営で経済的に「上昇」した朝鮮人にも注意が向けられるようになっていた。

だが前章で触れたような帝国議会の議論などを勘案すれば、治安対策の強化はおそらく指示されていたであろうが、朝鮮人と日本人との民族関係に配慮した目立った施策はとられていない。一九四四年一一月には朝鮮人有力者を幹部に入れた体制強化を目指し、中央協和会が中央興生会に再編された。しかし、朝鮮人幹部登用も「人を得ず、わずかに指導課長の地位のみ」であり、「戦局の最終段階の大空襲下にあつて、なんら新しいこともできず、ただ、朝鮮人労務者の定着指導に専念するだけであつた」(法務省法務研修所『在日朝鮮人処遇の推移と現状』、一九五五年)とされる。

こうしたことから朝鮮人に対する日本人の認識は改善されないままとなっていた。これは本土決戦を戦う上でも懸念材料となるはずであった。敗戦直前の一九四五年八月一一日号『東洋経済新報』の論説は「此の際いやが上にも固めなければならないのは国内結束」であり、そのためにも「半島同胞に対する処遇を正しくする」べきであるとして、日本内地在住朝鮮人の問題を取り上げていた。そこでは、ヤミ取引の常習者は朝鮮人であるといった噂に対して、実際には日本人のヤミ商人もいれば、そこから物資を購入するのは大半が日本人であることを指摘し、「然るを独り半島人を闇の張本であるかに非難し、非国民呼ばり《ママ》する如きは、臭い者身知らずと言はざるを得ない」と論じた上で、こうした流言に対しては「半島人保護の為めにも、速《すみやか》に之れが対策を講ずる要がある」と述べていた。そしてこの論説の筆者は内務省に朝鮮人をもって組織する行政委員を設定し、警察署と連携しながら指導に当たり、「根拠なき疑惑流言等の根源を絶つ」ことを提案していた。

だが、これも協和会＝興生会に類似した組織であり、構想が実現したとしても効果を持ち得たかどうかは疑問である。しかも、この直後の日本帝国の降伏によって、戦争遂行のための朝鮮人と日本人との結束という目標は意味のないものとなった。

2　日本敗戦後の帰還と残留

敗戦時点の労務動員数

敗戦時点の日本帝国の労務動員状況は日本政府の説明によれば次のようであった。すなわち、「被徴用者」(ここでは朝鮮から労務動員された被徴用者は含まれないと見られる)六一六万四一五六人、動員学徒数一九二万七三七九人、女子挺身隊四七万二五七三人、「移入半島人」三二万二八九〇人、「移入華人」三万四〇〇〇人、その他一般従業員四一八万三二七一人である。つまり被徴用者がもっとも多いものの、このうち現員徴用が四五五万四五九八人を占める。つまり被徴用者の多くは、それ以前から同じ工場等で働いていた人びとである。また、そのなかには動員計画の枠外で日本内地にやってきて生活していたが、新規徴用ないし現員徴用された朝鮮人も含まれると考えられる。その具体的な人数は不明であるが、主要な炭鉱や土建会社が軍需会社ないし軍需充足会社に指定されたことを考えれば少ない数ではないはずである。

なお、この史料での「移入半島人」は、労務動員されて日本内地の事業場に日本敗戦の時点で就労していた朝鮮人を指すと見られる。つまり、逃走者は含まれない。したがって、労務動員で日本内地にやってきて日本敗戦＝解放を迎えた朝鮮人はこれより多数である。もし逃走率が一九四三年までと同じ水準であり(三〇％強)、逃走者の大半がそのまま日本内地の土建飯場等にとどまっていたと仮定すれば、その数は四十数万人程度と推算される。

なお、一九三九〜四五年の動員計画による動員総数については『日本人の海外活動に関する歴史的調査』の「朝鮮人労務者対日本動員数調」では、七二万四七八七人という数がある。もっともこの数は、南洋群島と樺太に送出された朝鮮人を含むと思われる。その数は一九四三年度までに合計二万二〇四四人(樺太一万六一一三人、南洋群島五九三一人)であり、一九四四年度以降はこれら地域への動員の余裕がなかったことを考えれば、日本内地への動員は七〇万二七四三人となる。ただし、樺太に動員された後に九州の炭鉱へ配置転換させられたケースも確認されるので、厳密には日本内地への動員はこれより多い。いずれにせよ七〇万人強が労務動員計画・国民動員計画の枠内で日本内地に配置されたのである。

徴用解除と帰還

徴用されていた労働者については、敗戦直後徴用解除の手続きが取られた。そして新規徴用の対象となっていた者については、国民動員援護会(国民徴用援護会を前年改編)より一人一〇〇円の慰労金が支給された。しかし「朝鮮人新規徴用者」(朝鮮にて徴用したる者)にはこれは支給されなかった。今後の法的地位について見通しが不確かであると考えてのことであろうが、朝鮮人は戦時下の動員の労苦を報いる措置でも早い段階から差をつけられていたと言えよう。

解放を迎えた朝鮮人のうちには、すでに在住期間が長いなどの理由から引続き日本への在留を希望、ないし朝鮮への帰還を躊躇する者がいた。しかし、日本に生活基盤をもたず郷里に家族が待っていた、労務動員された朝鮮人の大部分は一刻も早い帰還を望んだ。

日本人の側ももともと、一時的に、つまり戦争が終わるまでの労働力として朝鮮人を導入するというつもりであったわけであり、朝鮮人を長く留めておこうという考えはもたなかった。さらに言えば、植民地を失いそこから多数の日本人が引揚げてきて〝狭い日本〟に人口が収容される見通しのなかで、朝鮮人に対する厄介視は強まった。

GHQも労務動員で日本にやって来ていた朝鮮人を優先的に輸送し、朝鮮に帰還させる方針をとった。そして九月一二日に朝鮮人の軍人・軍属と「集団移入労務者」の輸送に関する指示があり、一二月まで日本政府・GHQの計画に基づく優先輸送が続けられた。

ただし、GHQ・政府の手配した列車や船舶をまたずに帰還した朝鮮人も多数いた。その際にはさまざまな事故も発生した。八月二四日には海軍施設局で働いていた朝鮮人労働者を乗せた浮島丸が機雷に触れて沈没、多数の死者を出すという事件が起こっている。

また、労務動員された朝鮮人のなかでも炭鉱労働者の帰還は後回しにされ、このため北海道や福島県の炭鉱では早期帰国要求を掲げた朝鮮人の争議が起こっている。なお、これと同じ時期に日本人の労働組合の結成が進められたが、これらが朝鮮人労働者の活動を支援する動きはなく、むしろ一部の炭鉱では日本人の労働組合が朝鮮人と対立する動きを見せていた。戦時中、動員されて配置されていた朝鮮人が日本人と隔離されて管理されていたこと、一部の日本人労働者は労務担当として朝鮮人を抑圧する側に回っていたことがその背景にあった。

外務省文書の問題点

労務動員された朝鮮人の多くは戦後直後の段階で帰還したとみることができるが、そのまま日本に残った人びとがいなかったわけではない。この点に関連しては、しばしば日本政府外務省は一九五九年七月一一日付で発表した「在日朝鮮人の渡来および引揚げに関する経緯、とくに戦時中の徴用労務者について」という文書が持ちだされて議論されることがある。この文書は、「第二次大戦中内地に渡来した朝鮮人、したがってまた、現在日本に居住している朝鮮人の大部分は、日本政府が強制的に労働させるためにつれてきたものであるというような誤解や中傷」に対して反論するとして出されたものである。この文書は当時の在日朝鮮人約六一万人の「外国人登録原票について、いちいち渡来の事情を調査した結果、右のうち戦時中に徴用労務者としてきたものは二四五人にすぎないことが明らかになった」としている。

ここでの「徴用労務者」は、国民徴用令の発動以前に動員計画によって日本内地に配置された朝鮮人を含まない。だが「日本政府が強制的に労働するためにつれてきた」という朝鮮人をそのような意味での「徴用労務者」のみに限定して論じることは適切ではない。

本書で述べてきたように、徴用実施以前において朝鮮総督府、内務省、雇用企業の関係者自身が「強制的」「拉致同然」と言うような要員確保は行われていた。また労務動員実施の初期の段階では、経済的な理由から離村を希望していた朝鮮人が日本内地にやって来たことは事実であるが、これも日本政府の国策が背景にあること、職場の移動を禁止されていたこと、就労期間延長が強いられ、戦争末期まで炭鉱等での労働を続けていた場合には徴用された扱いとなっていたという事情がある。これらの点から、一九三九〜一九四五年度の労務動員計画・国民動員計画によって日本内地の事業場に配置された朝鮮人のすべてが、何らかの意味での強制力をもつ日本国家の政策的関与のもとで動員されたと言うべきである。

残留者数の推定

ではそれらの人びとのうちで、引続き日本に残った者はどれくらいいたのであろうか。残念ながらこの点についてはは明確ではない。ただし、大ざっぱな推定は可能である。

前記の外務省の文書に記載されている「一九三九年九月一日から一九四五年八月一五日までの間に来住したもの」は、三万五〇一六人とされている。これは子どもや大人の女性も含む数字である。しかし、一九四〇〜一九四二年については朝鮮人渡日者数の学生・労働者・その他に分類した数字がわかり、渡日者の五〇％程度は労働者となっている。大人の女性は「その他」に分類されていたであろうこと、一九四三年以降の渡日者中では労働者の割合が低下する要因がないことを考えれば、前記の数字の少なくとも半分つまり一万七五〇〇人以上は労働目的で渡日した男子と見てよいはずである。

だがそのうちには縁故渡航によってやって来た者と「密航」の者も含まれる。ただし縁故渡航は労務動員開始以降抑制されており、密航も取り締まられた。とはいえ、それでも縁故渡航もある程度認められたし、密航も続けられたことはすでに述べたとおりである。結局、戦時下の渡航統制がどの程度機能したかの評価で推算の数字は変わってくるが、一九四二年以降、縁故渡航は原則的に認めない方針があり、密航も減少していたであろうことをふまえる必要がある。なお、外務省の文書では来住時期不明のものが七万二〇三六人いるとされており、このなかにも労務動員によって渡日した者が含まれる可能性がある。ここから考えてまず、労務動員されて日本に残留した朝鮮人は数百といったレベルではないという推測が可能だろう。

次に、一九五八〜一九五九年に在日本朝鮮人総連合会(朝鮮総連)傘下の朝鮮問題研究所の機関誌に掲載された、三つの朝鮮人集住地区の実態調査から推算を行う。この調査は世帯主が日本にやって来た理由についての設問がある。その回答をみれば「徴用」でやってきたとしているのは一三四人中の一三人である。地区別で見ると、仙台の集住地が三三人中八人、大阪府の集住地が五〇人中二人、京都市の集住地では五一人中三人が「徴用」と回答している。朝鮮人は日本の官庁と異なり、「徴用」の語を国民徴用令による「徴用」以外も含めた労務動員全体を指して用いるケースが多い。ここでもそのような意味で使っていると見ていいだろう。なお、この調査では来日年次も聞いていること、「徴用」と区別して軍属としてやってきたと回答しているケースがあるので、動員計画以外の軍の動員や一九三九年以前の民間の会社が行った詐欺的募集による渡日などは区別して集計していると考えられる。ただし三つの集住地区のうち仙台のものでの「徴用」の比率が高いことは、やや特殊なケースかもしれない。そう仮定してこれを無視すれば、この時期の日本に住む朝鮮人世帯主の五%程度が労務動員によって渡日していたという推定が成り立つ。

そしてこの時期の日本に住む朝鮮人世帯主の多くは一世で男性であり、逆にこの時期の一世の男子の多くは世帯主になっていたと考えられる。したがって、一九五九年時点の朝鮮人一世の男子人口の五%程度が労務動員による渡日者の数と推測することが可能である。一九五九年時点の一世の人口は法務省の統計によれば約二一万人であり、これは男女別が不明であるが、年齢階級別では二五歳以上の人口(このように区切った場合では二世が若干含まれる)では六割程度が男子であること、それ以上の年齢階層(二世があまり含まれない)ではさらに男子の比率が高いことから、おそらく一九五九年時点で前述の約二一万人の六割強にあたる一三万人程度の一世の朝鮮人男子がいたと考えられる。その五%は六五〇〇人である。この数字は、前述の渡日時期別の統計からの考察と合わせてみた時に、そう大きな違和感を生じさせるものではない。

3　被害者と加害者のその後

被動員者の「解放後」

右の推計の数字は、戦後の日本に引続き暮らすこととなった朝鮮人のなかで、戦時期の労務動員に起因した移動による人びとが相対的少数派であることを示している。とはいえ、戦時期の労務動員が朝鮮人の離散の原因の一つとなったことは否定できない事実である。

また、敗戦後も日本での生活を続けた朝鮮人について労務動員されて来た人びとと、それ以外の契機での渡日者とが何か完全に違った存在であるかのように見なすことも妥当ではないだろう。後者の大半は植民地支配下の朝鮮農村の経済的疲弊のなかで生きる道を求めて渡日を選択した人びとである。そして渡航管理制度が存在していたことをふまえれば、彼らも日本内地において、低賃金労働力として必要とされた限りにおいて移動ないし在留を許された存在であった。また生活戦略的移動で日本に来た者にせよ、動員された朝鮮人にせよ、帰還を選択しなかった理由には、帰郷しても生活の目途が立たないという要素が少なくとも幾分は含まれていた。それは、やはり植民地下の朝鮮の経済的疲弊がもたらしたものである。

ただし、労務動員の対象となった人びとについては、強制貯金や未払い賃金を受け取れないままでいたり、援護制度で規定されていたものも含めてさまざまな補償を得られないでいたりする不合理を強いられたという事実がある。また、日本語能力との関係から敗戦後も、就業できる職業は不利な条件のものに限定されていたであろうし、配偶者を得ずに生活していた人びとの比率も高いのではないかと推測される。

労務動員以外の渡日者の場合、配偶者を得てともに働くことで日本での生活を可能としていたケースが多いが、労務動員の対象になった年齢層の在日朝鮮人の男女別人口での男女比は一・五対一程度である。日本人女性と結婚した者もいたことはもちろんであろうが、家庭を築かずに老齢期を迎えているか、すでに他界した者は当然少なくないだろう。もちろん、朝鮮半島に配偶者を残したまま離散状態を強いられた朝鮮人男子もいると考えられる。これは逆に夫と連絡が取れないまま生きて来た朝鮮人女子が朝鮮半島に同じ程度いるということを意味する。

こうした被動員者とその家族の体験は記録され伝えられにくいものである。当事者が文字で記録を残せないケースがあるだけでなく、子どもや孫に自分の人生について語る機会を持たなかった人びとが珍しくないためである。

政策に関わった者の認識

労務動員政策によって過酷な労働や家族との別離、生活破綻を強いられた人びとは当然にして、朝鮮人労務動員を推進した者に強い怒りや恨みを抱いた。ただしその対象となったのは、法律の立案や動員計画の策定、企業経営の方針を左右するような高い地位についていた人びとではない。被動員者やその家族が直接知っている動員政策関与者は、地方行政機構末端の職員や巡査、労働現場に配置された労務担当の職員らであった。これらの人びとが日本敗戦後に襲撃を受け傷害を負うといった事件が発生したことが伝えられている。付言すれば、面長や面職員はほとんどが朝鮮人であり、炭鉱等で朝鮮人の労務管理を担当したのは日本語のできる朝鮮人であることが多かった。つまりは政策の立案や決定に大きな責任をもつはずの日本人ではなく、無理な要員確保や過酷な労務管理を末端で担わされた朝鮮人が――もちろん彼らも加害者でないとは言えないが――被害者たちの怒りの対象となり暴力的な報復を受けたのである。その一方、関係官庁の高官や企業幹部らは直接的な報復の対象となることもなく、処罰されることもなかった。

もっとも、朝鮮での労務動員が暴力的なものとなり、これが朝鮮民衆の怨嗟の対象となっていたことは、ごく当たり前のことであるが、政策に携わった人びとの間では認識されていた。それについて率直に語っている人物も存在する。朝鮮総督府財務局長の任にあった水田直昌は、朝鮮の労務動員への民衆の忌避が広がるなかで「トラックを持って行き、巡査を連れて行って、村からしょっぴいて来る」ことが行われていた事実とともに、そのようななかで「朝鮮民族の戦争をのろう気持というものは相当熾烈なものがありました」「一般の民衆は、米をとられ、人間をとられ……戦争をのろう気持ちが強い、それを警察の力でまあ何とかやつていました」といった実情があったことを述べていた。ただし水田は自分が所属した朝鮮総督府自体に第一義的な責任があるとの認識は示していない。無理な要求が本国政府から突きつけられ、朝鮮総督府はそうした暴力的な施策を「涙をのんでやつた」と語っているのである。またこの発言は大蔵省官房調査課に設けられた金融財政事情研究会という限定された関係者のみの集まりでなされたものである(謄写版刷でインタビュー記録がまとめられているが、冊子には「取扱注意」の印が押されている。なお聞き取りは一九五四年三月六日に行われたとされる)。

これとは別に公開を前提とした、一般の書店で売られていた書籍で、暴力的な労務動員の実態について触れたものもある。朝鮮の翼賛団体の幹部を務めた鎌田沢一郎は一九五〇年に出版した『朝鮮新話』のなかで、やはり朝鮮の労務動員が寝込みを襲ったり田畑で働いている者をトラックに載せたりして日本内地の炭鉱に送り込むようなものであったことを記していた。だが、その上で鎌田は「総督がそれまで強行せよと命じたわけではないが、上司の鼻息を窺ふ朝鮮出身の末端の官吏や公吏がやつてのけたのである」と付け加えることを忘れなかった。つまりは人権無視の動員は日本人ではなく朝鮮人の下級官吏が行ったと言うのである。

また、日本政府について見れば、そのなかのある部局がまとめた内部的な資料においては朝鮮人に対する労務動員が著しく暴力的であったことを記述しているケースはある。例えば、当初、公開を前提とせずに戦後直後にまとめられた大蔵省管理局『日本人の海外活動に関する歴史的調査』では、官斡旋も含めて半強制的であるとの議論があったこと、徴用忌避が拡大していたこと、動員された者で音信不通となったものがあることなどを記している。あるいは一九五五年に刊行された法務省の法務研修所の内部資料である『在日朝鮮人処遇の推移と現状』には、「日華事変〔日中戦争〕以後の戦時体制下にあつて、政府は、朝鮮人を集団的に日本内地に強制移住せしめる策をとつた」という文章も見える。

日本政府はこれまで首相談話などを通じて植民地支配に対する反省の意を表してきた。だが、これまで労務動員政策の中で生じた朝鮮人に対する人権侵害に、国としての責任についての見解を公的に明らかにしたことはない。

以上からは、労務動員の政策に関与した人びとや日本政府が、戦後、自分たちの責任(もちろん、個人にせよ組織にせよかかわりの度合いによって異なるが)誠実に向き合おうとしてこなかったことがわかる。彼らはそれが多大な暴力を伴うものであったことを認識しながらも、その責任については、自分たちではなく他者(甚だしくはより立場の弱い朝鮮人の下級官吏に)や、自分が関係していない組織にのみ関連づけて語ろうとしていた。しかも、公の場ではその事実を語らず、そして、被害者である朝鮮人の被動員者やその家族に対して謝罪の意を表そうとはしなかったのである。

終章
暴力と混乱の背景と要因

戦争末期進められた長野県の松代大本営建設工事での労働を伝えるために市民団体が作った展示室の様子.この工事では労務動員された朝鮮人を含む多数の人びとが厳しい労働に従事したと言われている(「もうひとつの歴史館・松代」建設実行委員会提供).

目標と現実の齟齬

以上で述べてきたように、朝鮮人に対する労務動員はその対象となった人びとへの深刻な人権侵害を伴った。のみならず、朝鮮に残された家族は基幹的な労働力を奪われたまま過重な労働を強いられたあげく、援護も受けられずに生活の危機に直面した。こうしたことから、労務動員は恐れられ、それに対する抵抗が広がり、戦争末期には行政当局自体の統制も危ういほどに朝鮮社会は動揺していた。改めて言うまでもないことであるが、日本帝国は朝鮮民衆に多大な被害を及ぼしたのである。

しかし本書の第一章でも述べたように、日本帝国の政策担当者は何もこのような結果を望んでいたわけではない。日本帝国が目指していたのは戦争の勝利であり、そのための国家総動員の目的は、労働力を合理的に配置して最大限の力を発揮させ、食糧の増産を含む戦争遂行のための生産の維持拡大であった。朝鮮人が疲弊し、差別的な待遇を受け、援護の裏付けもなしに動員されるような状態は、彼らの不満を強め日本帝国への離反を招きかねないだけでなく、農業生産等にも否定的な影響を与えるわけであり、あってはならない事態だった。

また戦争遂行のための合理的な労働力の配置という点でも、取られていた施策が果たしてどれだけ効果的であったかも疑問があろう。なるほど軍需生産の前提となる石炭の生産は確かに一九四四年まである程度維持された。だがそれは生産性の低下を投入する労働者数の増加で補うという手段でどうにかまかなったものであり、投入された労働者は本来なすべき別の仕事を犠牲にして実現したものにほかならない。そしてそのための要員確保が至上命題となった戦争末期には、重労働に堪えられない老人や病弱者をわざわざ労働現場に連れてきたあげく送還するという、生産維持の意味でも輸送機関の有効活用という点でもマイナスにしかならないことすら行われていたのである。

つまり労務動員政策は、民衆に対する著しい人権侵害を伴ったという意味においてだけではなく、軍需物資の増産と戦争勝利という日本帝国の目標にも寄与したとは言いがたい。ではなぜ、このような政策展開の破綻が生じたのであろうか。

もちろん、戦時下に政治的主導権を握っていた軍部の要求が横暴であったということがそこには影響しているだろう。また、人的・物的資源や技術力を見ても、日本帝国と米国との差は歴然としており、それを埋めるために相当な無理をしなければならなかったという事情もある。

しかしそうした条件をいったん無視して、当時の官僚、研究者、企業家たちに着目しても、さまざまな問題があったように思われる。以下では朝鮮人労務動員が民衆への暴力を伴い、国家の運営自体にも混乱をもたらした要因について、植民地朝鮮の現実や当時の日本社会のあり方に即して論じることとする。

労働者軽視の経営

朝鮮人渡日抑制方針が存在したなかで、その緩和を求め朝鮮からの労働力導入に積極的であったのは石炭産業の経営者であった。そうした動きはすでに日中戦争開始前に存在していた。言い換えれば、戦争による絶対的な労働力不足のなかで、もはや他に選択肢がないとして朝鮮からの労働者導入が要望されたわけではないのである。

この段階で石炭産業が朝鮮に労働力を求めたのは、その経営のあり方が関係していた。炭鉱では、機械化による生産性向上ではなく、人力に依存しての石炭の採掘が続けられていた。そこでは、できるだけ安い賃金で働く労働力の確保が経営のカギとなった。そして、福利厚生や安全対策、賃金をはじめとする労働条件の改善を図ることで労働力を集め、熟練労働者を留めおく施策は行われず、したがってそれゆえに労働力の確保がますます困難になるという悪循環に陥っていた。

朝鮮人労働者の導入が図られたのは、日中戦争開始後にそうした傾向が強まり、さらに石炭産業の労働者不足が深刻化したためであった。これに対して、当時すでに朝鮮人労働者の導入や短期の勤労報国隊の活用は一時の弥《び》縫《ほう》策にすぎないことを指摘し、長期的には機械化を伴う生産性向上を進め、熟練労働者保全の策をとるべきという主張もあったが、それは受入れられなかった。朝鮮での労働力の枯渇が言われるようになった時点で炭鉱の幹部が求めて実行に移されたのは、朝鮮人同様か、それ以下の待遇で酷使しうる中国人の導入であった。

また戦争の進行を受けた労務需給のさらなる逼迫のなかで、労働者移動を抑え作業能率を高めるために労務管理の重要性が叫ばれるようになったものの、これも著しい改善を見た訳ではない。むしろ現実に起こったのは、逃走防止と労働力再生産を度外視した労働強化のための強圧的な労務管理であった。戦争開始以前、一部で追放の努力がはらわれていた監獄部屋は戦時下に復活・拡大しつつあったのである。

付言すれば、炭鉱の労働力不足は戦後、朝鮮人・中国人労働者の帰国によって再び問題となり、引揚げ者や農村からの日本人労働力で埋め合わせられることとなる。その段階になってようやく「非人間的」とGHQに称されたものではないような労働者向けの宿舎が整備され、まともな内容の労働法が施行されたのである。

曖昧な決定と迷走

企業経営者の要望を受けて、朝鮮からの労働力導入の政策を立案し制度を整え、運用したのは行政当局であった。ただし、行政当局といっても、この施策に関係する部局は多数あり、それぞれが利害や思惑の違いを抱えていた。そして、実際に労務動員がスタートした後も、一致した、確固たる根本方針に基づく施策展開はなされなかった。

日本帝国の内部では、大きくは朝鮮総督府と日本内地側の省庁との間で意見の開きがあった。朝鮮半島の工業化推進や農業生産維持のために労働力を保全したいというのが朝鮮総督府の考えであり、日本内地側は労働力不足対策としてできるだけ朝鮮人の導入を図ることを望んだ。ただし、朝鮮総督府としても農村に滞留する、少ない農地しかもたず、生活維持が困難となっている人びとについては家族を含めて離村させることを望んでいた。これに対して、日本内地側は家族を含めた朝鮮人の受入れと、彼らの定着を望んでいなかった。

このような各省庁等の相反する思惑やジレンマは調整、解決されないまま、しばしば玉虫色の合意がなされた。特に、家族を伴う永住の移動なのか、期限付きの一時的労働力導入なのか曖昧なままであった。実態としては家族の呼寄せは一部で行われたが、その後一九四二年二月の閣議決定でそれを行わないこととなり、しかし、朝鮮総督府のその後の要望でこの決定は改められたが、実質的にはそれは行われないという経緯をたどった。また、朝鮮人労働者は通常二年の契約期間で帰る(あるいは帰される)ことになっていたが、労働力不足の深刻化を受けて就労期間は延長させられた。

ただし、日本内地側と朝鮮総督府側の利害が対立した場合、たいがいは日本内地側の意見が通っていたということができるであろう。特に動員すべき労働者数については、朝鮮総督府側の意見が容れられることなく決定されていた。前述の水田直昌の戦後の証言記録では「朝鮮人が来てくれなければ軍港を築く労力も足らない、石炭も掘れない、これでは戦争に負けるぞと言う。最後はいつも戦争に負けるぞと言う。しばらくのしんぼうだから、戦争に負けてはいけないからという至上命令には、いつでも総督府は負けてしまうのです」との言葉が確認できる。そうであったからと言っても朝鮮で行ったことの責任が免除されるわけではないが、本国政府の強い要求を拒絶できるような力を朝鮮総督府がもたなかったことも事実であろう。

強力な統治の陥穽

しかも、朝鮮総督府内部でもかならずしも認識と方針が一致していなかったと思われる点もある。農政官僚たちは早い段階から朝鮮農村の労働力は農繁期には足りないことを指摘していたが、このことが朝鮮総督府全体で問題として認識され、抜本的な対策がとられることはなかった。

また、朝鮮総督府の上層部と地方末端の行政当局者との間でも情報の疎通はうまくいっていなかった。強い権力を背景とした統治のみがあり、民主主義を欠いた社会において上意下達はあるにせよ、朝鮮人民衆や、民衆の動向をよく知る人びとの認識や意見は伝わらない。逆に下級官吏は上層部にへつらって水増しした数字をあげるといったことすら行われたのである。

こうしたなかで、地方末端の実情を把握できずにいながら現実をふまえないままに計画の立案がなされ、それが下部に降りてくる、計画の立案者は現場の実態を知らないままにいるという状況が生まれていた。そこでは、無理な動員計画が是正される可能性はなかった。

後手に回った施策

また当初における根本的な方針が確立されず、明確にそれが示されなかったことは、その後の施策展開にも影響した。それが混乱を招き問題を拡大させる結果をもたらしたのである。

もし、朝鮮人労務動員を開始する当初から、大量の朝鮮人を導入して定着させ基幹的な労働力として生産現場で活用するという方針を決定し、それを関係者に浸透させていたならば、それに対応する政策がさまざまなレベルで考えられたかもしれない。企業は朝鮮人向けに住宅をはじめとする福利厚生を整え、生産技術にかかわる教育を準備したであろうし、地方行政当局は地域社会における朝鮮人の統合施策を迫られ取り組みを始めなければならなくなっていたはずだ。しかし当初、戦争が終わるまでの一時しのぎという認識が一方であり、なしくずし的に動員が拡大していったなかでは、そうした動きは生まれるはずがなかった。

動員された朝鮮人の家族が朝鮮に残されて生活が困窮するケースが目立ち始めたことに対しても、それに対応すべき援護施策の確立が遅れた。家族呼寄せを進めるかどうか、朝鮮人労働者を長期的に活用するのかどうかの意思一致がなされていなかったことが影響したと言えるだろう。

しかも朝鮮の行政機構は徴用と援護施策の事務処理を行う能力をもっておらず、それを可能とするための人員増を大急ぎで図ったものの、結局は満足な対応ができないという展開となった。さらに言えばそもそも、朝鮮における労務動員業務をそのための専門的な機構ではなく、一般地方行政機構に担わせたこと自体が、一時しのぎにすぎなかった。本格的な労務動員を朝鮮においても実施するという方針の確認が最初からあれば、こうしたことは行われなかっただろう。

動員のインフラの不在

もっとも、当時の朝鮮に不足していたのは複雑な事務を処理しうる行政機構のみではない。労務動員の前提となり、その施策を進めるためのツールとなるもののほとんどが欠けているか、あるいは不十分なレベルでしか存在していなかった。

労務動員は強力な権力をもつ国家が一片の命令を出すことで遂行されるわけではない。合理的な労働力配置を関係者の同意を取りつけて円滑に進めるためには、次のようなものが必要なはずである。すなわち、人口全体についての統計、労働力の所在と状態、労働力需要についての調査・登録、大量の輸送を可能とする交通機関、教化宣伝を民衆に浸透させるマスメディアとその普及、それを受入れる能力をもつ、したがってある程度の近代教育を受けた民衆、国家の施策を地域社会や職場で伝え、その遂行を補助する小集団のリーダーや下級官吏——動員のインフラと言うべきこれらのものは日中戦争開始の段階で朝鮮に備わっていなかったし、戦時下に整備されたわけでもない。日本内地に送出すべき労働者の数を算出する前提となるべき統計資料はなく、動員政策が始まってからの調査も十分とは言えず、住民管理は戸籍すら不正確な状態だった。就学率は確かに上昇したし成人に対する教育も行われたが、それでも徴兵準備のための錬成を受けた男子の日本語の語彙は日本人の幼児と同じレベルというのが現実だった。そのような朝鮮民衆への教化宣伝は確かに行われたであろうが——マスメディアではなく座談会といった手段を駆使して——、期待通りの成果があがったわけではない。「朝鮮から来た者で戦争について知っているのは一〇〇人のうち五人」という状況は受入れ側の日本内地の政治家を嘆かせたが、この事実を知りつつも戦争遂行のための労務動員を進めなければならなかった朝鮮側の官僚は、その実現の困難性を思い絶望的な気持ちを抱かざるを得なかったはずである。

こうした条件のもとでは、動員の呼びかけに応えて生産現場に駆けつけようとする者が生まれないのは当然として、必要な労働力を確保し求められる場所に送出するという作業自体に相当な手間がかかるようになるのも必然であった。そしてそれを無理に行うことで、民衆の反発は広がり、ますます動員は円滑を欠くようになったのである。

なお、十分な考察材料を持ち合わせているわけではないが、この点は同じ植民地でも台湾は多少条件が異なっていたと思われる。労働力がもともと不足気味であった台湾では日本内地への労働者送出は行われていないが、「南方」の占領地に人員を派遣しているし、軍事動員も少なくない。しかし朝鮮と比べると動員政策への反発は少なく、また援護措置も戦争末期まで少なくともある程度進められていたようである。また、動員の前提となる調査も割合細かい統計がとられている。これらのことは、朝鮮に比べて識字率、就学率が高かった点も影響しているはずである。もっとも、そのことは台湾民衆の受けた抑圧が朝鮮民衆に比べて少ないということを意味するものではない。それは台湾民衆が戦争末期に至るまでより深く日本の支配に組み込まれていたということを意味している。そして台湾であれ朝鮮であれ、動員がより円滑に進められたとしても、それはあくまで日本帝国の利益のためのものであり、それぞれの地域の発展に寄与するものとはならなかったはずである。

収奪の規制の欠如

朝鮮人労務動員は日本帝国の動員計画の一部であり、それが遂行されていた時期には日本人に対する労務動員も行われていた。そして日本人のなかにも家族のもとを離れ、慣れない労働に従事するなど、さまざまな困難を経験した者がいることを忘れるわけにはいかない。

ただし朝鮮人と異なり日本人の場合は炭鉱のような待遇の悪い職場に動員されることはなく、徴用された場合の援護施策は早い段階から準備されていた。徴用同様と言われた動員で炭鉱や土建工事現場に配置され、しかし援護の対象とならない、あるいは援護の制度ができた後も実際にはそれを受給できなかった朝鮮人は、明らかに不利な条件を押しつけられていた。

また、日本人の労務動員ではまがりなりにも地域社会の秩序に配慮した要員確保の制度が存在した。地域に動員の割当がなされる点は朝鮮と変わりがないし、当時の日本内地に国の政策を拒否できるような地方自治があったわけではない。とは言え、その地域の有力者が労務動員行政機構の連絡委員となることによって、ある程度の地域社会の経済や秩序への配慮をなしうる回路は確保されていた。また統制を乱す弊があるといわれ、おそらくは私企業の利益を優先した要員確保を行っていた労務補導員の制度は一九四二年七月に廃止されている。

これに対して、朝鮮の労務動員はその地域の事情を考慮することなく、朝鮮の外部の人びとの目的のために遂行された。もともと植民地朝鮮では同時代の日本内地と同水準の地方自治も存在していないし、朝鮮の資源や労働力が朝鮮のためにあるという発想は日本帝国の官僚においては存在しないからこれは当然でもある。しかも当時の朝鮮総督府が工業化の推進のため

──これも大陸兵站基地建設という日本帝国の国策に沿ったものなのであるが──に労働力が必要であると言っても、それが聞き入れられることはなく日本内地へ送出されるべき人員要求は拡大した。

もっとも面のレベルでは、その長と職員は基本的には朝鮮人であり、そこに長くとどまり生活する人びとであった。だが彼らが担わされた労務動員の遂行において、地域社会への配慮は許されなかった。そもそも、労務動員の初期段階の募集では私企業が主体となって人員確保が追求されたし、官斡旋になってもやはり私企業の職員である労務補導員が地域にやってきて必要な人員を得ようとする実態は変わらなかった。

私企業の派遣する労務補導員らは、人員確保のために入っていった地域に長くとどまるわけでもなく、その地域の経済に責任をもつわけではない。彼らは自分たちが人員確保のために入った地域に存在する労働力を無理やりに奪い移動することに痛痒を感じなかったであろう。そうした彼らの活動を規制し、自分たちの地域のための労働力を保全する制度や力は朝鮮人には与えられていなかったのである。

日本人中心主義

このような大量の朝鮮人の日本内地への移動は、戦争遂行という国家の至上課題のために行われたにもかかわらず、日本人の間で歓迎されなかった。労働力不足に直面し、朝鮮人労働力導入の要望を提出したはずの石炭産業内部においてすら、一部にこの施策に疑問を呈する声があったことを確認できるほどである。

それは生産性にかかわる経営上の利益の観点からなされていただけでなく、朝鮮人の存在が日本人を脅かすといった危機感とかかわっていた。しかもそうした意識は戦争遂行によって日本人青壮年男子が日本内地において減少し、朝鮮人が生産の重要な要素を担い、相対的に「上昇」していくことで、ますます強まっていった。

近年の歴史研究では、しばしば日本帝国の多民族の存在を前提とした統合のあり方に注目が集まっている。なるほど戦後とは異なり日本が多民族国家であることが論じられていたし、日本内地にいた朝鮮人が選挙権・被選挙権を行使し議員になった者もいたという事実はある。だが、朝鮮人・台湾人が日本人と平等な存在であり、ともに日本社会を構成していくべきであるという意識が当時広がっていたわけではないのである。日本内地社会にもっとも大量の異民族が住むようになっていた戦時下の状況を見れば、むしろ日本人中心の日本社会を維持しようという意識は強まっていたと言える。

そしておそらくそれは戦後の単一民族国家意識とも連続するものであり、それを準備したものであったかもしれない。戦時下に出始めていたヤミ商売で儲けている朝鮮人といった噂は、戦争直後にも流布し公然と語られるようになる。またそもそも必要な労働力を必要な時にだけ、日本人が忌避して労働力不足になったような職場で使おうという朝鮮人労務動員の発想自体が、日本人以外の存在を日本社会の平等かつ正式なメンバーとして認めないという点で、戦後の日本人の民衆意識と共通していると言えよう。

マジョリティの不幸

本書で述べてきたように、戦時下の朝鮮人は、同じ帝国臣民とされながらも、日本人に対しては見られなかったような手段を用いた動員の対象となり、不利な条件のもとでの労働を強いられた。だが、これは日本帝国のマジョリティたる日本人がマイノリティの朝鮮人を犠牲にすることで恵まれた立場にいたということを意味するわけではない。むしろ、朝鮮人の存在によって日本人民衆に対する抑圧もまた続けられていたと見ることが可能である。

労働力不足のなかで増産を実現しなければならないという問題の解決策の選択肢は、何も安い労働力を外部から導入するということのみではなかった。労働者の生産意欲を高め、労働時間を適切に管理するなどして、生産性を向上することで労働力不足をカバーする政策もあり得たし、少なくともそれが加味されてしかるべきであっただろう。労働運動が壊滅していた戦時体制の初期であってもそうした議論はなかったわけではない。労働力不足がもっとも問題となっていた炭鉱についても労働者の待遇改善こそが必要であるとの意見はみられた。

だが、すでに見てきたようにそうした選択はとられなかった。朝鮮人という安く使える労働力が豊富だという認識、さらには無理やりにでも彼らを連れてきて働かせることが可能であるという条件が存在していたこととかかわっているだろう。これは朝鮮人労働者を不利な条件で働かせることを当然とすることによって、日本人労働者の待遇も改善されないままとなったことを意味している。そのようにして、過酷で危険な労働環境であることが知れ渡っていた炭鉱では、監獄部屋のごとき労務管理がむしろ再び増えた。そしてそこには日本人も就労していた。日本内地の炭鉱労働者全体では戦争末期でも日本人が七〇%弱を占めていたのである。

結局のところ、マイノリティに不利な条件を押しつける国家や社会はマジョリティをも抑圧していた。そして、そのような状況をマジョリティが自覚し改善し得ずにいたことが、朝鮮人強制連行のようなマイノリティに対する加害の歴史をもたらしたのである。

念のために付け加えれば、外部から人を入れなければ問題なしに帝国の内部にいたマジョリティが暮らすことができたわけではない。奴隷労働のようなものを誰かが担わなければ成り立たない社会経済システムがある限り、その場合は、帝国の内部のマジョリティのうちのもっとも弱い立場の人びとにそれが押しつけられたはずだからである。

記憶すべき史実

朝鮮人強制連行は、朝鮮民族にとっては、たとえ自分自身が被害の当事者とならなかったとしても〝他人事〟ではなかった。植民地末期に青年期にあった在日朝鮮人の歴史家である朴慶植（一九二二―一九九八年）は、幼くして両親に連れられて渡日し、強制的に動員された経験はなかったが、厳しい労働を強いられ遺骨すら放置されている被動員者や離散状態に陥っている家族の境遇を同じ被圧迫民族としての苦しみとして捉えて、朝鮮人強制連行の研究を行った。朴慶植より若い、戦後生まれの金英達（一九四八―二〇〇〇年）は、朴の研究を批判的に継承しつつこの問題についての史料の収集と解読を進めた。その彼は朝鮮人強制連行を「わが民族史」と呼んでいる。

もちろん、朝鮮民族のなかでも世代が下るにしたがって植民地時代の厳しい体験は遠い過去としてしか感じない人びとが増えるかもしれない。しかし、今日もなお、動員された自分の肉親のことを思いながら生きている人がいることも事実である。

そうした人びとが隣国のみならず、日本社会のなかにも、さらに言えば日本国籍をもつ人の中にもいることを考えれば、朝鮮民族ではない日本人にとっても朝鮮人強制連行の歴史は〝知らなくてよいこと〟ではありえないだろう。

ただし、朝鮮人強制連行の歴史は〝朝鮮人のために日本人が覚えておくべき歴史〟ではない。

それは、本書で述べてきたように、民主主義を欠いた社会において、十分な調査と準備をもたない組織が、無謀な目標を掲げてその実現のための施策を進めることが、もっとも弱い人びとを犠牲にしていくことを示す事例として、奴隷的な労働を担う人びとを設定することでそれ以外の人びともまた人間らしい労働から遠ざけられるようになっていった歴史として記憶されるべきである。

あとがき

朝鮮人強制連行をテーマに本を一冊書こうと思ったのは六年くらい前である。新書なら休みに集中して書けるだろうという考えは、まったく甘く、相当に時間がかかってしまった。これはひとえに、筆者の能力不足と怠惰な性質のせいによる。

ただ、言いわけをすれば、新しい(といってもその大半は非公開のものではなく、図書館の書架にすでに並べられていたのに、使われてこなかっただけのものであるが)史料が予想外に多く見つかり、その読解に時間がとられたという事情も一因である。もっとも、そうした作業をせずに、当時の法令、通牒や統計、戦後の行政刊行物だけをもとにまとめても(当初はそのつもりだった)、本書の基本的な内容はそんなに変わらなかった可能性もある。

しかし、執筆を終えた現時点では、やはり雑多なものも含めて同時代の史料に幅広く接する時間は貴重だったと考えている。本文の典拠史料として結局は使わなかったものの方が多いだろうが、多様な史料の読込みや調査は、当時の時代状況についての自分なりの理解を深めたと信ずるからである。

同時に、その作業を通じて、その時代を個々の人間がどのような思いを抱き、いかなる暮らしを送ってきたかを考えていくことこそが、歴史研究において重要であると改めて感じた。とかく、「強制があったか否か」「動員の数は何人か」といったことばかりが声高に論じられる傾向がなくもない（そういった話も当然重要なので、本書でも触れたわけだが）ので、あえてその点を述べておきたい。

なお、本書執筆にあたっては、李栄薫ソウル大学教授、朴煥珷落星岱経済研究所研究員との討論や小林久公強制連行強制労働真相ネットワーク事務局長の問題提起に刺激を受けたほか、編集担当の平田賢一さんには細かなチェックも含めて助けられた。また、本書で使用した史料の収集ではトヨタ財団二〇〇四年度研究助成「植民地朝鮮における労務動員——法制度と実態」（助成番号D04—A—399）、文科省科研費基盤（A）「デニズンシップ——非永住・非同化型広域移民の国際比較研究」（二〇〇八〜二〇一一年度、代表・高橋均東京大学大学院教授）の研究費を使わせていただいた。記して感謝申し上げる。

二〇一二年二月

外村　大

主要参考文献

Ⅰ　一九四五年八月以前に作成されたもの

一　行政文書・行政刊行物

企画院「昭和十四年度労務動員実施計画綱領(案)」一九三九年六月
企画院「昭和十六年度労務動員実施計画　附参考資料」一九四一年九月
企画院「昭和十七年度国民動員実施計画　附参考資料」一九四二年五月
企画院「昭和十八年度国民動員実施計画　附参考資料」一九四三年六月
企画院第三部「昭和十五年度労務動員実施計画綱領(案)」一九四〇年七月
慶尚南道「第十五回慶尚南道会会議録」(社団法人落星岱経済研究所所蔵コピー)
慶尚北道「社会事務打合会指示、打合事項」一九四一年二月(樋口雄一編『戦時下朝鮮人労務動員基礎資料集』緑蔭書房、二〇〇〇年、所収)
厚生省勤労局「昭和十八年度ニ於ケル国民動員実施計画充足実績調」一九四四年三月
〔厚生省〕職業局「第七十六回帝国議会一般事務説明資料」
厚生事務官松崎芳、〔厚生省〕勤労局長宛「復命書」一九四五年一月八日(「補給援護決定書類」所収、同書類は作成者、作成年不明、一橋大学附属図書館所蔵、厚生省勤労局関係の書類と推定される)

小暮泰用、内務省管理局長宛「復命書」一九四四年七月三一日(水野直樹編『戦時期植民地統治資料』柏書房、一九九八年、所収)
財団法人朝鮮勤労動員援護会理事長「会員規定改正に関する件」一九四五年七月一一日(前述「補給援護決定書類」所収)
朝鮮総督府『朝鮮総督府官報』
朝鮮総督府『朝鮮総督府統計年報』各年版
朝鮮総督府『朝鮮総督府時局対策調査会会議録』一九三八年
朝鮮総督府『朝鮮総督府時局対策調査会諮問答申書』一九三八年
朝鮮総督府『朝鮮総督府時局対策調査会諮問案参考書(労務ノ調整ニ関スル件)』一九三八年
朝鮮総督府『施政三十年史』一九四〇年
朝鮮総督府「朝鮮人内地移入斡旋要綱」一九四二年二月(朴慶植『在日朝鮮人関係資料集成』第四巻、三一書房、一九七六年、所収)
朝鮮総督府企画部「朝鮮農業ニ関スル資料」一九四一年七月(朝鮮奨学会図書館所蔵)
朝鮮総督府警務局『高等外事月報』各号
朝鮮総督府警務局『朝鮮警察の概要』各年版
朝鮮総督府警務局『朝鮮出版警察概要』各年版
〔朝鮮総督府〕高等法院検事局『朝鮮検察要報』
朝鮮総督府財務局「第八十六回帝国議会説明資料」一九四四年(近藤釼一編『朝鮮近代史料(8)太平洋戦

争下の朝鮮(5)』財団法人友邦協会朝鮮史料編纂会、一九六四年)
朝鮮総督府中枢院「第二十六回中枢院会議録」一九四五年七月(高麗大学校亜細亜問題研究所所蔵)
朝鮮総督府鉄道局『朝鮮列車時刻表　附連絡時刻・自動車発着表』一九三八年二月(日本鉄道旅行編集部『満州朝鮮復刻時刻表　附台湾・樺太復刻時刻表』新潮社、二〇〇九年、復刻)
内閣「昭和十九年度国民動員計画策定ニ関スル件」一九四四年八月一四日
内閣「昭和十九年度国民動員計画需給数閣議了解事項トシテ決定ノ件」一九四四年八月一五日
内務省管理局「第八十五回帝国議会説明資料(朝鮮及び台湾の現況)」一九四四年(近藤釼一編『太平洋戦争下の朝鮮及び台湾』朝鮮史料研究会近藤研究室、一九六一年)
内務省警保局『特高月報』各号(前掲『在日朝鮮人関係資料集成』第四～五巻、所収)
内務省警保局『社会運動ノ状況』一九三九年～一九四三年版(前掲『在日朝鮮人関係資料集成』第四巻、所収)
〔内務省〕社会局社会部職業課「第七十回帝国議会説明資料」
〔内務省〕社会局社会部職業課「第七十一回帝国議会説明資料」

二　企業・関連団体の文書

日産懇話会本部『時局下に於ける労務問題座談会』一九四一年(個人所蔵)
日本経済連盟会「労務管理問題懇談会速記録(1)」一九四二年二月
住友歌志内炭礦「半島礦員募集関係書類」一九四〇年(小沢有作編『近代民衆の記録10　在日朝鮮人』新人物往来社、一九七八年、収録)

日鉄（日鉄鉱業株式会社）総務局調査課『調査半年報　昭和十九年上半期』一九四四年
北炭（北海道炭礦汽船株式会社）「朝鮮募集出張報告」（前掲『近代民衆の記録10』所収）
北海道炭礦汽船株式会社労務部「釜山報復綴」作成年不明（北海道大学附属図書館北方資料室寄託文書）

三　単行本・研究報告書類

児玉政介『勤労動員と援護』一九六四年（一九四四年に刊行予定で紙型のまま保存されていたものを刊行）
菊川忠雄『戦争と労働』酒井書店、一九四〇年
協調会『戦時戦後の労働政策』一九三八年
協調会『労働統制の研究　労務配置機構を中心として』一九四三年
協調会『戦時労働事情』一九四四年
協調会農工調整委員会「農工調整問題関係綴」一九四四年
朝鮮銀行調査部『大戦下の半島経済』一九四四年
朝鮮厚生協会『朝鮮に於ける人口に関する諸統計』一九四三年
前田一『特殊労務者の労務管理』山海堂出版部、一九四三年
柳瀬徹也『我国中小炭礦業の従属形態』伊藤書店、一九四四年
労働科学研究所『炭礦に於ける半島人労務者』一九四三年

四　論文・論説等

岩城功「石炭鉱業に於ける生産性と労力問題」『社会政策時報』一九四二年三月
中谷忠治「農村労力調整に関する一課題」『朝鮮労務』一九四二年二月

中谷忠治「朝鮮農村の人口排出余力の計出に関する一試論」『朝鮮労務』一九四二年一〇月
鍋島直紹「朝鮮農業の断片――見聞記」『農政』一九四三年一一月

五　新聞・雑誌（一般に公開されていたもの）

『大阪朝日新聞』、『大阪毎日新聞』、『京城日報』、『釜山日報』、『日本産業経済』（以上、日本語新聞）
『東亜日報』、『朝鮮日報』、『毎日新報』（以上、朝鮮語新聞）
『産業福利』、『職業時報』、『社会政策時報』、『大陸東洋経済』、『朝鮮』、『朝鮮労務』、『東洋経済新報』（以上、日本語雑誌）

六　その他

大韓民国文教部国史編纂委員会編『尹致昊日記』大韓民国文教部国史編纂委員会、一九七三〜一九八九年、本文は主として英語
永井荷風『荷風日暦』扶桑書房、一九四七年

Ⅱ　一九四五年八月以後に作成されたもの

一　証言記録・調査報告

生活実態調査班「宮城県仙台市原町苦竹、小田原朝鮮人集団居住地の実態について」『朝鮮問題研究』一九五八年一二月
生活実態調査班「大阪府泉北郡朝鮮人集団居住地域の生活実態」『朝鮮問題研究』一九五九年二月
生活実態調査班「京都市西陣、柏野地区朝鮮人集団居住地域の生活実態」『朝鮮問題研究』一九五九年六月

朝鮮人強制連行真相調査団編『朝鮮人強制連行・強制労働の記録　北海道・千島・樺太篇』現代史出版会、一九七四年
朝鮮人強制連行真相調査団編『朝鮮人強制連行調査の記録　四国編』柏書房、一九九二年
朝鮮人強制連行真相調査団編『朝鮮人強制連行調査の記録　兵庫編』柏書房、一九九三年
朝鮮人強制連行真相調査団編『朝鮮人強制連行調査の記録　大阪編』柏書房、一九九三年
朝鮮人強制連行真相調査団編『朝鮮人強制連行調査の記録　中部・東海編』柏書房、一九九七年
朝鮮人強制連行真相調査団編『朝鮮人強制連行調査の記録　中国編』柏書房、二〇〇一年
朝鮮人強制連行真相調査団編『朝鮮人強制連行調査の記録　関東編Ｉ』柏書房、二〇〇二年
「百萬人の身世打鈴」編集委員編『百萬人の身世打鈴』東方出版、一九九九年
北海道立労働科学研究所『石炭鉱業の鉱員充足事情の変遷』一九五八年
大蔵省官房調査課金融財政事情研究会編「終戦前後の朝鮮経済事情」一九五四年三月

二　行政刊行物

大蔵省管理局編『日本人の海外活動に関する歴史的調査　朝鮮篇』一九四九年
外務省『終戦史録』一九五二年
台湾総督府『台湾統治概要』（作成年月日不明であるが、敗戦後まとめられたと推定される）
法務省法務研修所〔森田芳夫著〕『在日朝鮮人処遇の推移と現状』一九五五年
労働省『労働行政史』労働法令協会、一九六一年

三　単行本・研究報告書類（企業・関連団体刊行物含む）

金英達著、金慶海編『金英達著作集2　朝鮮人強制連行の研究』明石書店、二〇〇三年
J・B・コーヘン著、大内兵衛訳『戦時戦後の日本経済』上・下巻、岩波書店、一九五〇〜一九五一年
石炭増産協力会『三千万トンの戦い』一九四七年
鉄鋼統制会「終戦直後の鉄鋼労務並に戦時中の回想」
外村大『在日朝鮮人社会の歴史学的研究――形成・構造・変容』緑蔭書房、二〇〇四年
西成田豊『労働力動員と強制連行』山川出版社、二〇〇九年
日本外交学会編『太平洋戦争終結論』東京大学出版会、一九五八年
日本経済研究所『石炭国家統制史』一九五八年
朴慶植『朝鮮人強制連行の記録』未来社、一九六五年
樋口雄一『協和会　戦時下朝鮮人統制組織の研究』社会評論社、一九八六年
法政大学大原社会問題研究所編『太平洋戦争下の労働者状態』東洋経済新報社、一九六四年
松本武祝『植民地権力と朝鮮農民』社会評論社、一九九八年
森田芳夫『数字が語る在日韓国・朝鮮人の歴史』明石書店、一九九六年
山田昭次・古庄正・樋口雄一『朝鮮人戦時労働動員』岩波書店、二〇〇五年
梁泰昊編『朝鮮人強制連行論文集成』明石書店、一九九三年
吉田俊隈『朝鮮軍歴史別冊　朝鮮人志願兵徴兵の梗概』作成年不明(塚崎昌之氏提供)
金仁徳『強制連行史研究』景仁文化社、二〇〇二年、朝鮮文
郭健弘『日帝の労働政策と朝鮮人労働者　一九三八〜一九四五』図書出版シンソウォン、二〇〇一年、朝

鮮文
鄭恵瓊『朝鮮人強制連行強制労働Ｉ　日本編』ソイン、二〇〇六年、朝鮮文

四　研究論文

大門正克・柳沢遊「戦時労働力の給源と動員――農民家族と都市商工業者を対象に」『土地制度史学』一九九六年四月
隅谷三喜男「石炭礦業の生産力と労働階級：戦時戦後の炭礦労働を廻って」(矢内原忠雄編『戦後日本経済の諸問題』有斐閣、一九四九年)
外村大「「日本内地」在住朝鮮人男性の家族形成」(阿部恒久・大日方純夫・天野正子編『男性史2――モダニズムから総力戦へ』日本経済評論社、二〇〇六年、所収)
外村大「アジア太平洋戦争末期朝鮮における勤労援護事業」『季刊戦争責任研究』第五五号、二〇〇七年三月
外村大「朝鮮人労働者の「日本内地渡航」再考――非準備型移動・生活戦略的移動と労働力統制」『韓国朝鮮の文化と社会』第七号、二〇〇八年一〇月
外村大「朝鮮人労務動員をめぐる認識・矛盾・対応――一九三七〜一九四五年」(黒川みどり編『近代日本の「他者」と向き合う』解放出版社、二〇一〇年、所収)
福留範昭「『強制動員真相究明ネットワーク』の設立にあたって」『季刊戦争責任研究』二〇〇五年九月
許粋烈「朝鮮人労働力の強制動員の実態――朝鮮内での強制動員政策の展開を中心に」(車基壁編『日帝の韓国植民地統治』正音社、一九八五年)、朝鮮文

岩波新書新赤版一〇〇〇点に際して

ひとつの時代が終わったと言われて久しい。だが、その先にいかなる時代を展望するのか、私たちはその輪郭すら描きえていない。二〇世紀から持ち越した課題の多くは、未だ解決の緒を見つけることのできないままであり、二一世紀が新たに招きよせた問題も少なくない。グローバル資本主義の浸透、憎悪の連鎖、暴力の応酬——世界は混沌として深い不安の只中にある。

現代社会においては変化が常態となり、速さと新しさに絶対的な価値が与えられた。消費社会の深化と情報技術の革命は、種々の境界を無くし、人々の生活やコミュニケーションの様式を根底から変容させてきた。ライフスタイルは多様化し、一面では個人の生き方をそれぞれが選びとる時代が始まっている。同時に、新たな格差が生まれ、様々な次元での亀裂や分断が深まっている。社会や歴史に対する意識が揺らぎ、普遍的な理念に対する根本的な懐疑や、現実を変えることへの無力感がひそかに根を張りつつある。そして生きることに誰もが困難を覚える時代が到来している。

しかし、日常生活のそれぞれの場で、自由と民主主義を獲得し実践することを通じて、私たち自身がそうした閉塞を乗り超え、希望の時代の幕開けを告げてゆくことは不可能ではあるまい。そのために、いま求められていること——それは、個と個の間で開かれた対話を積み重ねながら、人間らしく生きることの条件について一人ひとりが粘り強く思考することではないか。その営みの糧となるものが、教養に外ならないと私たちは考える。歴史とは何か、よく生きるとはいかなることか、世界そして人間はどこへ向かうべきなのか——こうした根源的な問いとの格闘が、文化と知の厚みを作り出し、個人と社会を支える基盤としての教養となった。まさにそのような教養への道案内こそ、岩波新書が創刊以来、追求してきたことである。

岩波新書は、日中戦争下の一九三八年一一月に赤版として創刊された。創刊の辞は、道義の精神に則らない日本の行動を憂慮し、批判的精神と良心的行動の欠如を戒めつつ、現代人の現代的教養を刊行の目的とする、と謳っている。以後、青版、黄版、新赤版と装いを改めながら、合計二五〇〇点余りを世に問うてきた。そして、いままた新赤版が一〇〇〇点を迎えたのを機に、人間の理性と良心への信頼を再確認し、それに裏打ちされた文化を培っていく決意を込めて、新しい装丁のもとに再出発したいと思う。一冊一冊から吹き出す新風が一人でも多くの読者の許に届くこと、そして希望ある時代への想像力を豊かにかき立てることを切に願う。

（二〇〇六年四月）

外村　大

1966年北海道に生まれる
1995年早稲田大学大学院文学研究科博士後期課程中退
早稲田大学社会科学研究所助手，高麗大学校民族文化研究院客員研究員などを経て，2015年東京大学大学院総合文化研究科教授．専攻は日本近現代史．著書・論文に『在日朝鮮人社会の歴史学的研究――形成・構造・変容』(緑蔭書房，2004年)，『日本と朝鮮　比較・交流史入門――近世，近代そして現代』(共編著，明石書店，2011年)，「植民地に生きた朝鮮人にとっての日本――民族指導者尹致昊の日記から見えてくるもの」(『日本の科学者』第45巻12号，2010年)ほか．

朝鮮人強制連行　岩波新書(新赤版)1358

2012年3月22日　第1刷発行
2025年5月23日　第2刷発行

著　者　外《との》村《むら》　大《まさる》

発行者　坂本政謙

発行所　株式会社　岩波書店
〒101-8002 東京都千代田区一ツ橋2-5-5
案内 03-5210-4000　営業部 03-5210-4111
https://www.iwanami.co.jp/

新書編集部 03-5210-4054
https://www.iwanami.co.jp/sin/

印刷・精興社　カバー・半七印刷　製本・中永製本

ISBN 978-4-00-431358-8　Printed in Japan

索　引

サ 行

タ 行

ナ 行

ハ 行

マ 行

ラ 行

略年表

1934年(昭和9)

10月30日　日本政府,「朝鮮人移住対策の件」を閣議決定. 以後, 就労目的の朝鮮人の日本内地への移動抑制が強化される.

1937年(昭和12)

6月　日本内地の炭鉱などでの労働者不足への対応として朝鮮人導入の議論がなされる.

7月7日　盧溝橋事件勃発(「支那事変」と称された日中戦争の発端).

7月31日　日本政府,「軍需要員充足に関する取扱要領」を決定, 軍需労務充足に遺憾なきよう関係機関に指示.

9月10日　日本政府, 軍需工業動員法の一部を「支那事変」に適用することを決定.

12月13日　日本軍, 南京を占領, その後も中国側は抗日戦を持続.

12月22日　内務省社会局, 日本内地在住朝鮮人失業者の炭鉱への就労斡旋等を地方長官に指示.

この年, 炭鉱の業界団体から政府に対して朝鮮人導入の要請がなされる.

1938年(昭和13)

1月11日　厚生省発足, 労働行政を担当する労働局などが置かれる.

4月1日　国家総動員法公布(日本内地では5月5日, 朝鮮では5月10日施行).

4月2日　朝鮮総督府府令として朝鮮総督府陸軍兵志願者訓練所生徒採用規則を制定, 朝鮮人志願兵の軍事動員政策始まる.

7月1日　日本内地で職業紹介法施行.

7月7日　国民精神総動員朝鮮連盟発足(1940年10月16日に国民総力朝鮮連盟に改組).

1939年(昭和14)

6月28日　日本内地における朝鮮人統制組織の財団法人中央協和会発足.

7月4日　朝鮮から日本内地への労働者導入を盛り込んだ昭和14年度労務動員計画閣議決定(最初の動員計画，以後1945年までそれぞれの年度の動員計画策定).

7月8日　国民徴用令公布(日本内地では7月15日，朝鮮では10月1日施行).

9月　朝鮮から日本内地へ送出すべき労働者の募集開始.
　　朝鮮半島南部の農村，旱害によって深刻な被害.

10月　朝鮮での募集の朝鮮人を日本内地の炭鉱などに配置，募集条件と違うなどとして紛争議が発生.

1940年(昭和15)

1月11日　朝鮮職業紹介令公布(20日に同施行規則とともに施行).

3月　朝鮮総督府，労務資源調査を実施(最終的な調査とりまとめは7月頃).

10月19日　国民徴用令中改正の件公布，国民登録要申告者以外の徴用および政府管理工場等への徴用が可能となる(20日施行).

1941年(昭和16)

3月　朝鮮総督府内務局に労務課を設置.

6月25日　日本軍，南部仏印進駐.

11月12日　朝鮮総督府機構改革により厚生局発足.

12月8日　日本がアメリカ・イギリスに宣戦布告.

12月15日　国民徴用令を改正，即日施行．厚生大臣の指定する工場事業場等への徴用および業務上の死傷や家族の困窮等の場合の扶助規定を設ける.

12月22日　厚生省令として，日本内地の被徴用者に対する扶助を規定した国民徴用扶助規則公布(1942年1月1日施行).

1942年(昭和17)

2月13日　日本政府,「朝鮮人労務者活用に関する方策」を閣議

決定.

2月20日　朝鮮総督府,「朝鮮人内地移入斡旋要綱」を決定,いわゆる官斡旋方式による日本内地への労働者送出を開始.

6月5〜7日　ミッドウェー海戦,日本海軍,航空母艦等を失い,打撃を受ける.

1943年(昭和18)

3月2日　朝鮮人を対象とする徴兵実施のため兵役法改正公布(8月1日施行,1944年,朝鮮人の徴兵検査実施).

7月21日　国民徴用令改正中改正の件公布,必要がある場合の徴用実施を明確化(9月1日施行).

9月30日　朝鮮総督府,国民徴用扶助規則を制定.

10月31日　軍需会社法公布(12月17日施行).

11月9日　経済誌主催の座談会で朝鮮総督府の労務動員担当官僚,動員の充足について「半強制的」にとりまとめている旨の発言.

11月27日　英・米・中国首脳,カイロ宣言を発表,朝鮮人民の奴隷状態に留意し朝鮮を独立させることに言及.

12月1日　朝鮮総督府の機構改革実施,鉱工局発足.

12月17日　厚生省令として軍需会社徴用規則公布施行,軍需会社に指定された企業の従業員は原則として徴用されたと見なされることになる.

1944年(昭和19)

1月18日　日本内地の主要な重化学工業の企業が軍需会社の指定を受ける.

4月12日　朝鮮総督府政務総監,道知事会議で労務動員の「強制供出」を戒める指示.

4月27日　日本内地の主要炭鉱が軍需会社の指定を受ける.

5月16日　日本政府,動員された朝鮮人の契約期間延長等の方針を閣議決定.

8月8日　日本政府,「半島人労務者の移入に関する件」を閣議決定.

9月　前月の閣議決定に基づき,朝鮮から日本内地へ送出すべき

要員確保のため国民徴用令に基づく徴用発動.
9 月　財団法人朝鮮勤労動員援護会発足.
10 月 15 日　朝鮮総督府鉱工局に勤労調整課・勤労動員課・勤労指導課を設置，勤労動員本部発足.
11 月 20 日　中央協和会を中央興生会に改組.
12 月 22 日　日本政府,「朝鮮および台湾同胞に対する処遇改善に関する件」を閣議決定，参政権の付与などを打ち出す.
この年末　朝鮮における被動員者の家族への送金，援護が行われないことが問題となり，動員忌避が拡大.

1945 年(昭和 20)
1 月 27 日　軍需充足会社令公布，軍需充足会社に指定された企業の従業員が被徴用者とみなされることになる.
3 月 6 日　国民徴用令等の動員関連の各種勅令を統合した国民勤労動員令公布(10 日施行).
6 月　朝鮮総督府,「徴用忌避防遏取締指導要綱」を決定，徴用忌避者の家族らを動員することを指示.
7 月 10 日　日本内地の主要な土木建築業，港湾運送業などの企業が軍需充足会社の指定を受ける.
8 月 15 日　日本政府がポツダム宣言受諾を発表，朝鮮解放.
9 月 12 日　GHQ，朝鮮人の軍人・軍属と「集団移入労務者」の帰国についての優先輸送を指示，計画輸送開始(ただし，それ以前から自主的に帰国する朝鮮人も多数).
9 月 17 日　厚生省，徴用を解除された人びとへの徴用慰労金について支給要領発表，朝鮮半島から動員された朝鮮人を除外.
この年，戦争終結以降，動員された朝鮮人の帰国要求の争議が各地で発生.